Reiner Praschag

les tortues terrestres

Traduit de l'allemand
par Pierre Bertrand

ULMER

Avant-Propos

À notre époque, où la destruction des milieux naturels semble progresser inexorablement, élever des animaux sauvages est à la fois un devoir et un défi, mais aussi une responsabilité. Pas seulement envers la santé de nos protégés : nous avons le devoir de sensibiliser nos enfants, de transmettre nos connaissances à d'autres et de rendre publiques nos observations intéressantes. L'élevage reproductif doit rester réservé à des personnes expérimentées.

Ce livre ne s'adresse pas à ceux qui considèrent les tortues comme des animaux de compagnie, des compagnons de jeu ou des jouets. Les animaux sauvages ne correspondent pas à ces notions. Ils sont incapables d'apprécier l'amour ou la sympathie au sens où nous humains l'entendons, et tout aussi incapables d'y répondre.

Ce livre s'adresse en revanche aux personnes qui savent reconnaître l'animal sauvage et souhaite en avoir un chez eux. C'est à dire à des personnes qui ne les déplacent pas comme des objets et ne cherchent pas à leur apprendre des tours, mais qui, avec patience et intérêt, veulent apprendre à connaître et à comprendre le comportement des tortues, issu de plusieurs centaines de millions d'années d'évolution. Pour cela, il faut pouvoir leur proposer un environnement correctement aménagé, possédant des dimensions, un parcours, des aménagements et un microclimat adaptés, offrant une nourriture appropriée et permettant aux animaux de mener une vie conforme à leur structure sociale. Pour offrir tout cela, encore faut-il acquérir les connaissances nécessaires en lisant un livre et même plusieurs, en rencontrant des personnes expérimentées ou des associations. Ce livre veut vous y aider.

Dr Reiner Praschag

Sommaire

Des tortues et des hommes

Depuis toujours, les relations entre hommes et tortues ont été essentiellement à sens unique. Les tortues se sont très bien passées de nous pendant des millions d'années. On ne peut pas en dire autant dans l'autre sens. Depuis longtemps, les tortues tiennent une place importante dans les mythologies, les religions, les superstitions, l'imaginaire, l'art, la poésie et la médecine, mais aussi sur les timbres, les pièces de monnaie et les cartes postales, dans les contes et les légendes, dans les sciences, dans l'économie, dans la publicité et, depuis peu, dans la vie émotionnelle des humains.

Mythes et Cultures

Les hommes ont un penchant fréquent pour les généralisations injustifiées. Les tortues en sont aussi victimes, quand elles ne sont pas honorées à l'égal des dieux. Selon les problèmes ou les aspirations qui, dans le monde entier, préoccupent les différents peuples ou les adeptes des différentes religions, de nombreux animaux - en particulier les tortues - se sont vus conférer une importance ou des pouvoirs symboliques. Les tortues représentaient les fondations du monde, la voûte céleste, une île dans la mer (ou un continent); ailleurs, elles étaient données en offrande aux dieux, elles servaient à orner les tombeaux ou à lire dans les astres. Partout dans le monde, les hommes leur ont associé des significations symboliques parfois concordantes, parfois contradictoires : ordre cosmique, sainteté, incarnation, fertilité, virilité, puissance sexuelle, santé, longévité, pauvreté, solitude, satisfaction. Mais aussi sociabilité, sérénité, circonspection, maîtrise, famille, sagesse, ruse, malice, constance, chance. On lui a même attribué le pouvoir de protéger de la foudre. On est allé jusqu'à la faire gagner à la course, dans les fables, contre le lièvre, l'autruche, l'antilope, le chevreuil et même, si l'on en croit Zénon (philosophe grec, environ 500 av. J.C.), contre Achille en personne ! Nous ne

Partout, les humains ont hissé la tortue au rang de symbole.

Des tortues, *Testudo kleinmanni,* vendues en 1993 sur un trottoir du Caire dans des cages à oiseaux. Les pauvres bêtes, exposées sans protection au soleil et au vent, sont si déshydratées qu'elles ne peuvent guère être sauvées.

préciserons pas ici à quelles religions ni à quels peuples se rattachent ces croyances, qui ne témoignent guère en notre faveur. On pourrait presque se réjouir que la tortue n'ait pas engagé de joute spirituelle avec notre espèce.

Au service des hommes

Pour nos ancêtres, la tortue était avant tout un aliment. Au temps des grands navigateurs, les tortues géantes des Seychelles et des Galapagos servaient de réserves de viande. Maintenues captives dans des stalles étroites et obscures, régulièrement aspergées d'eau, elles pouvaient passer des mois sur les navires. La carapace servait - et sert encore chez les peuples autochtones - de récipient, de bol, de marmite, de louche ou de cuillère.

Avec l'invention de l'aquarium et du terrarium, dans la seconde moitié du XIXe siècle, les tortues prirent le chemin des pays industrialisés. L'après-Seconde Guerre Mondiale vit l'explosion du commerce de masse de ces animaux, le plus souvent élevés dans de mauvaises conditions. Dès la première années, 80 à 90 % des animaux importés mouraient. Dans les années 70, des dizaines de milliers de tortues provenant des Balkans et d'Afrique du Nord parvenaient encore en Europe occidentale - souvent chargées à la pelle dans les camions, comme des choux. L'importation de masse maintenait les prix bas : les marchandises bon marché ont peu de valeur et sont souvent maltraitées.

Évitez d'acheter une tortue sur un coup de tête ou pour répondre à un caprice sans lendemain. Une fois l'enthousiasme retombé, les animaux sont rapidement négligés, voire abandonnés.

Depuis, des lois ont mis fin à ces importations massives. Les prix ont augmenté, avec pour conséquence que les quelques tortues disponibles tombent de plus en plus souvent dans les mains d'amateurs motivés et responsables, qui disposent de livres sur la vie de ces animaux à l'état sauvage.

Par conséquent, de plus en plus de tortues naissent et sont élevées sous nos toits. Il n'est pas toujours facile de se procurer une tortue adulte, tandis que les jeunes sont facilement disponibles. Mais il faut savoir qu'il est beaucoup plus difficile d'élever des jeunes avec succès que des adultes importés.

Pourquoi élever des tortues ?

Nous pouvons en apprendre beaucoup sur les tortues en lisant des livres ou des revues spécialisées, en regardant des documentaires ou en effectuant des recherches sur internet. On peut aussi assister à des conférences et à des congrès, visiter des parcs zoologiques ou renconrer des amateurs. Mais, pour percer à jour les petits secrets de ces animaux, il faut vivre avec eux. Comme il est généralement imposible d'y parvenir dans la nature, le seul moyen est d'héberger une tortue à la maison.

C'est comme le sport : on peut lire des journaux spécialisés, assister à des manifestations sportives, discuter avec des passionnés et l'on peut même apprendre les règles avec une grande minutie. Mais si l'on veut comprendre le sport encore mieux, il faut le pratiquer soi-même ! Ce n'est qu'en élevant des animaux que l'on peut comprendre ces relations subtiles qui échappent à la plupart des gens, en particulier les citadins dans leurs logis climatisés. Pour reprendre les paroles de Heini Heidiger, le fondateur de la science des animaux de zoos, « les parcs zoologiques (ainsi que les animaux élevés avec sérieux à la maison) sont au service de l'hygiène psychique des citadins épuisés. »

Dans beaucoup de pays, la détention, l'élevage et la vente de tortues terrestres sont réglementés.

Commerce et protection

Dans presque tous les pays d'origine, la capture, la détention, le transport et l'exportation des animaux sauvages - et donc des tortues terrestres - sont réglementés. De même, dans les pays destinataires comme la France, la Suisse ou la Belgique, l'importation, la vente, la détention, l'élevage et la réintroduction

Au moment d'acheter une tortue, il faut s'assurer que celle-ci est bien enregistrée auprès de l'administration et que le vendeur vous fournisse les documents légaux correspondants.

dans la nature. Les autorisations administratives sont délivrées sur demande, au cas par cas.

La législation changeant suivant les pays ou les régions et évoluant au cours du temps, les précisions ci-dessous peuvent varier et il est indispensable de les compléter en vous renseignant auprès des autorités.

Les tortues et le droit

Les tortues sont concernées par les lois de protection de la nature, et l'abri peut nécessiter un permis de construire. Enfin, la loi protège l'acheteur en cas de vente d'un animal malade.

Protection des espèces

Les principales réglementations destinées à protéger les espèces menacées sont :

- la Convention de Washington sur le commerce international des espèces de faune et de flore sauvages menacées d'extinction (CITES), adoptée le 11 juillet 1975 (dernière modification : 19 juillet 2000)
- la nouvelle Directive européenne n° 338/97, entrée en vigueur le 1er juin 1997 dans l'ensemble des pays de l'Union Européenne (UE), et modifiée le 6 juillet 1999.
- la loi française de protection de la nature n° 76-629 du 10 juillet 1976, et la loi Guyane.

Les espèces européennes de tortues sont strictement protégées par la loi : ne les rapportez pas en souvenir de vos vacances !

Ces différents textes comportent des annexes où figurent les espèces auxquelles ils s'appliquent. Selon le niveau de protection, le commerce et le transport de ces espèces sont réglementés de manière plus ou moins stricte. Le transport et l'importation sont soumis à autorisation. En France, la Tortue d'Hermann ou Tortue des Maures (*Testudo hermanni hermanni*) est totalement protégée : il est interdit de la capturer et de la transporter.

Dans tous les cas, le propriétaire d'un animal doit être en mesure de prouver la provenance légale de l'animal qu'il détient. Si l'animal a été acquis avant 1984, avant que les restrictions n'entrent en vigueur et que les certificats légaux ne deviennent obligatoire, il faudra prouver votre bonne foi (facture, photos, témoignages de voisins ou, mieux, de votre vétérinaire, etc.). Le défaut de preuves peut entraîner la confiscation de l'animal, voire des poursuites et une amende.

En lieu et place du marquage des animaux par puce - une disposition contestée - la masse corporelle ainsi qu'une photo des dessins du dessus et du dessous de la carapace peuvent servir de pièce d'identité.

En cas d'achat, il faut vérifier que la provenance de l'animal n'est pas frauduleuse, en exigeant du vendeur les papiers officiels qu'il doit vous remettre. Hélas, on trouve encore trop d'animaux de provenance suspecte.

Prochainement, le marquage ou le tatouage des tortues de compagnie devrait devenir obligatoire, parallèlement à la mise en place d'un fichier national.

En revanche, si vous souhaitez élever des tortues en vue de la reproduction, il faut demander un certificat de capacité à la Direction des Services Vétérinaires de votre département.

Enclos et abri

Les constructions extérieures nécessitent, selon les cas et les lieux, l'obtention préalable d'un permis de construire ou d'une déclaration de travaux, à demander en mairie. Pour éviter les complications ultérieures, il est conseillé de se renseigner au préalable auprès de la mairie, de l'architecte conseil ou de la Direction Départementale de l'Équipement de votre lieu de résidence.

Droit des consommateurs

S'il s'avère que l'animal était vraisemblablement malade au moment de l'achat (ce qui, en pratique, est très difficile à prouver), on peut demander le remboursement et la reprise de l'animal, ou un rabais sur le prix de vente (égal, par exemple, aux frais de vétérinaire). Attention : si vous étiez informé de l'état de l'animal au moment de la vente, le vendeur est dégagé de sa responsabilité.

Si vous êtes en mesure de prouver la mauvaise foi du vendeur, ou si l'animal est malade alors que le vendeur vous a fourni une garantie écrite, vous pouvez prétendre à des dommages et intérêts, notamment si les frais de vétérinaire sont supérieurs à la valeur commerciale de l'animal.

Autres questions légales

Protection des animaux : la loi punit les mauvais traitements envers les animaux. C'est pourquoi il est important de se renseigner auprès d'associations sur les conditions de détention minimales, qui vous aideront à offrir des conditions de vie correctes à vos tortues. Les informations fournies dans la plupart des animaleries sont insuffisantes.

Animaux dangereux : la détention d'animaux dangereux engage la responsabilité du propriétaire, mais les tortues terrestres ne sont pas concernées. Seules les tortues happantes peuvent être dangereuses, mais ce sont des tortues aquatiques.

Droit des locataires : En général, la détention de tortues ne pose pas de problèmes, car il est rare que cela nuise aux biens du propriétaire ou à la quiétude des voisins.

Attention, les délais de prescription en cas de vente abusive sont assez courts : si vous devez saisir le tribunal à la suite d'une tromperie et à défaut d'accord amiable, faites-le sans tarder.

Les tortues terrestres dans la nature

Il n'est pas toujours facile de rencontrer des tortues terrestres dans la nature. En été, beaucoup d'entre nous se rendent en vacances dans le Bassin méditerranéen, où vivent les rares tortues d'Europe. Mais une promenade en pleine chaleur, dans des terrains parfois dépourvus de sentiers, peut rapidement ôter l'envie de voir des tortues. On rencontre donc plutôt ces dernières par hasard, en visitant des ruines antiques, dans le camping au lever du soleil ou à proximité des routes. En cherchant leur nourriture au bord des routes ou en voulant traverser la chaussée, ces tortues sont souvent victimes de la circulation routière, et il arrive qu'on les retrouve mortes, la carapace brisée. En vacances, il est donc pratiquement impossible d'avoir un aperçu de la vie des tortues sauvages. Comment alors mieux connaître cette créature paisible, aimable, sympathique, facile à prendre dans les mains, et pourtant si étrange ?

Qu'est-ce qu'une tortue terrestre ?

Cette question a déjà été abordée par Aristote. Mais ses « découvertes », d'après lesquelles les tortues couvent leurs œufs et vivent de rosée, prêtent quelque peu à confusion. D'après le Romain Cicéron, la tortue est « un être à quatre pattes qui se déplace lentement, vit dans les terrains découverts, passe inaperçu, est rêche au toucher, possède une petite tête, un cou de cygne et un œil sombre. »

Le christianisme n'a pas attribué de propriété spéciale à la tortue, elle n'est pas mentionnée dans la Bible et ne semble même pas avoir trouvé de place libre dans l'arche de Noé ! D'après un dictionnaire pour enfants de la moitié du XXe siècle, la tortue est un reptile au déplacement lent, au corps protégé par une carapace, qui se nourrit de plantes ou d'animaux.

Il n'est pas toujours aisé de distinguer les différents reptiles les uns des autres : caïman ou alligator, serpent ou orvet, lézard ou iguane... ni même de les distinguer des tritons et des salamandres. Mais n'importe quel enfant reconnaît immédiatement une tortue. Car les tortues nous sont familières, avec leur carapace bombée et leur lenteur. Toutefois, toutes les tortues qui mènent une vie terrestre ne sont pas classées parmi les tortues terrestres à proprement parler (ou Testudinés). Elles n'ont pas non plus toutes des carapaces dures, elles ne sont pas toutes herbivores et n'hibernent pas toutes... Ces exceptions seront seulement mentionnées dans ce livre, consacré principalement aux tortues terrestres typiques.

Les tortues font partie de la classe des Reptiles, aux côtés des serpents, des lézards et des crocodiles. Comme les Mammifères, les Oiseaux, les Amphibiens et les Poissons, les Reptiles possèdent une structure de soutien mobile, la colonne vertébrale, et sont rangés au sein de l'embranchement des Vertébrés.

La plupart des espèces de tortues terrestres vivent dans les régions chaudes de la Terre.

Dans leur guide détermination, les herpétologues allemands Heinz Wermuth et Robert Mertens, de renommée mondiale, définissent ainsi l'ordre des Tortues ou Chéloniens : « Corps de forme ovale, contenu dans une carapace osseuse recouverte d'écailles cornées ou de cuir, d'où seuls dépassent la tête, les membres et la queue. » Les mêmes définissent les tortues terrestres ou Testudinés comme l'une des douze familles de tortues : « Pattes antérieures plus ou moins rondes en section transversale, doigts et orteils invisibles de l'extérieur, soudés en une patte-pivot d'où seules dépassent les griffes libres. »

Où vivent les tortues terrestres ?

Animaux à température variable - aussi appelés animaux à « sang froid » - les reptiles sont incapables de réguler eux-mêmes leur

Répartition géographique mondiale des tortues terrestres.

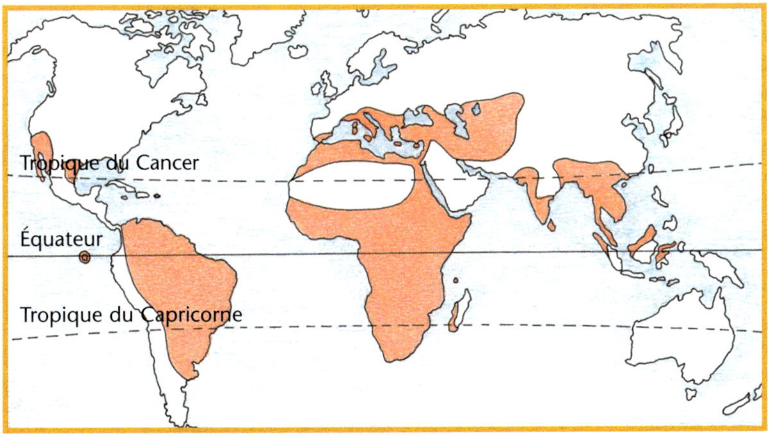

température corporelle. Contrairement aux animaux à température constante comme les mammifères et les oiseaux, leur activité dépend donc étroitement de la température ambiante. Le climat détermine le rythme de toutes leurs activités ainsi que les périodes de repos. Ce point est très important pour la compréhension de leur mode de vie.

De même, la répartition géographique des animaux à « sang froid » est plus réduite que celle des animaux à « sang chaud ». Cela s'explique en premier lieu par les basses températures : ces animaux ne peuvent s'installer au-delà de 40° de longitude (nord et sud), ni à grande altitude à l'intérieur de cette zone. Dans ces régions inhospitalières, les tortues ne pourraient pas accumuler suffisamment d'énergie - c'est-à-dire de nourriture - pendant les courtes périodes chaudes pour survivre aux périodes prolongées de repos ou de gel. En outre, des périodes d'activité trop brèves ne leur laisseraient pas le temps de boucler leur cycle annuel de reproduction. Car, au sortir de la période de repos, les animaux doivent se nourrir pour reprendre des forces, s'accoupler et produire leurs œufs. Ils se passe ensuite encore du temps entre la ponte et l'éclosion, puis les jeunes doivent constituer suffisamment de réserves en vue de la période de repos.

Les effectifs mondiaux de tortues terrestres sont en grande partie inconnus. Nous manquons donc des connaissances indispensables pour justifier la protection de certaines espèces.

Les tortues terrestres sont encore plus exposées que les tortues aquatiques aux variations soudaines de température, aux inondations, aux intempéries, aux tempêtes et à la sécheresse. C'est pourquoi leur répartition s'étend moins loin vers le nord et vers le sud. Les tortues terrestres préfèrent les régions tropicales et subtropicales, où vivent la plupart des espèces. Le continent le plus riche en espèces est l'Afrique (24 espèces), suivi de l'Asie (8 espèces) et de l'Amérique du Nord, l'Amérique du Sud et l'Europe (4 espèces chacun).

Populations et menaces

Les effectifs de beaucoup d'espèces de tortues n'ont pas encore à ce jour été estimés, ou l'ont été de manière partielle. On peut toutefois conclure, d'après les rapports de scientifiques et de voyageurs et les témoignages des autochtones, que les populations de tortues ont fortement diminué au cours de cinquante dernières années. Ce déclin est illustré par les chiffres officiels d'exportation, qui témoignent de l'hémorragie causée dans les pays d'origine par les prélèvements destinés à la consommation et à la vente de tortues de compagnie. Les chiffres réels sont probablement supérieurs. Par contraste, la consommation de tortues par les indigènes pendant des milliers d'années n'a jamais menacé l'existence des espèces concernées.

> L'homme, avec sa croissance démographique, ses besoins en espace et sa frénésie d'accroître son niveau de vie, est l'unique menace qui affecte les tortues...

Les tortues terrestres, en particulier, sont des animaux archaïques qui n'ont pas changé pendant des millions d'années. Leur placidité n'est pas un désavantage, puisqu'elles ont même survécu aux dinosaures, éteints depuis bien longtemps. Comment expliquer qu'elles soient maintenant si nombreuses sur la liste des espèces menacées ? C'est l'homme qui, avec son explosion démographique et ses besoins croissants en espace, en nourriture, en voies de communication, en loisirs et en bien-être subjectif, a détruit et continue de détruire de nombreux milieux naturels et leurs habitants.

Les espèces animales qui ont un faible taux de reproduction (certaines espèces de tortues ne pondent qu'un seul œuf par an), dont les générations se renouvellent lentement (certaines espèces n'atteignent la maturité sexuelle qu'à 10 ou 20 ans) et dont les capacités d'adaptation physiologique sont limitées, sont incapables de s'adapter à de tels changements en si peu de générations. Elles sont alors repoussées, voire remplacées par des espèces plus adaptables.

> Avec l'expansion des surfaces cultivées, il est naturel que nos monocultures soient considérées par les tortues comme de véritables garde-manger, et recherchées comme telles. Grâce à l'irrigation, il y fait moins chaud. Mais ce que les tortues ne peuvent pas savoir, c'est que les cultures sont traitées avec des pesticides et des herbicides. Des études ont conclu que les animaux qui vivent à proximité de ces monocultures souffrent rapidement d'altérations de leur santé et de leur fécondité.

Que peut faire chacun d'entre nous ? Un premier pas serait de mieux respecter la nature. Quant à élever des animaux sauvages, cela nécessite d'abord de s'assurer, après mûre réflexion, que l'on peut et que l'on veut vraiment supporter pendant de longues années la dépense d'argent, d'espace et de temps que cela représente.

À partir des années 80, des lois ont permis de réduire nettement le nombre de tortues exportées, à l'exception du

Les rayons solaires rasants au petit matin réveillent les tortues dans leurs abris nocturnes. Tortue d'Hermann orientale (*Testudo hermanni boettgeri*) dans l'est de la Grèce.

Sud-Est asiatique. Les dernières tortues terrestres asiatiques sont exportées vers de nombreux pays à des fins culinaires et médicinales, certes en nombre toujours plus faible. Mais même les animaux qui ne quittent pas leur milieu d'origine sont de plus en plus souvent confrontés à l'agriculture et aux coutumes locales. Les tortues qui vivent dans les monocultures traitées avec des pesticides sont rejetées un peu plus loin, quand elles ne finissent pas dans une forêt voisine ou chez un marchand d'animaux. Ces animaux, trouvés ou confisqués, ne peuvent être simplement relâchés dans la nature. Il faut d'abord trouver un milieu de vie favorable, et s'assurer que celui-ci existera encore dans les dix ans à venir - mais qui peut le prédire ?

Milieux naturel et adaptation

Comment les tortues terrestres se sont-elles adaptées à leur environnement, autrement dit, dans quelle mesure les tortues peuvent-elles s'installer dans un environnement qui ne correspond pas idéalement à leur besoins ? Existerait-t-il un environnement idéal pour les tortues ? Lorsqu'une espèce animale ou végétale s'est adaptée à un milieu de vie à l'issue d'une longue évolution, il lui est difficile de changer de conditions de vie en une ou quelques générations seulement. Les espèces qui ont une vaste distribution géographique et occupent des milieux divers s'adaptent plus facilement. Ce sont aussi les espèces les plus faciles à élever. Inversement, les espèces spécialisées qui vivent dans des environnements hostiles se sont souvent adaptées à des conditions difficiles à reproduire dans nos maisons. Il s'agit d'espèces difficiles à élever.

Quelles sont les exigences des tortues terrestres vis à vis de leur habitat ? Les différentes espèces ont besoin de territoires de dimensions différentes, ainsi que de types différents de terrains, de sols et de structures (plantes, sous-bois, litière). Chacune est adaptée à des fluctuations climatiques journalières et annuelles données, et a besoin d'une nourriture suffisante, dont la quantité fluctue parallèlement au climat. Enfin, il leur faut un élément indispensable à tous les organismes vivants : de l'eau sous forme liquide ou sous forme de rosée, de brouillard ou d'humidité atmosphérique.

Inversement, quels sont les facteurs essentiels dont une espèce peut se passer ? Les tortues terrestres méditerranéennes vivent principalement dans des milieux chauds et secs, tels que les dunes herbeuses, les broussailles et les forêts claires. D'une part, le soleil doit atteindre le sol afin que les animaux puissent se réchauffer jusqu'à leur température « d'activité » ; d'autre part, à partir de 35 °C environ, les tortues doivent pouvoir se protéger de l'hyperthermie. Les jeunes tortues, en particulier, souffrent plus des fortes températures et ont besoin de plus d'ombre, bien que la formation des os et de la carapace nécessite une exposition au soleil bien dosée.

La Tortue d'Égypte (*Testudo kleinmanni*) vit dans les régions littorales arides du sud-est du Bassin méditerranéen. Elle n'est donc active qu'en hiver et au printemps.

Les tortues des régions arides

Les dunes de sable, les prairies et les semi-déserts sont caractérisés par un climat où, pendant plusieurs mois, un fort ensoleillement s'accompagne de faibles précipitations. L'eau liquide (cours d'eau, lacs et mares) est rare, les plantes ne croissent que pendant les périodes fraîches et pluvieuses et se dessèchent rapidement. Par conséquent, le couvert végétal et les ombrages sont peu étendus, et les animaux doivent passer la saison chaude dans des trous. Cette période est souvent appelé repos estival ou **estivation**.

Originaire des steppes arides qui s'étendent dans le Causase et à l'est de la mer Caspienne, la Tortue des steppes (*Testudo horsfieldii*) est difficile à élever sous nos climats.

Certaines espèces passent cette période sous terre, où elles sont protégées du soleil et bénéficient de l'humidité du sol et de l'air. Dans les régions arides vivent par exemple les *Gopherus* américaines, la Tortue sillonnée (*Geochelone sulcata*) au sud du Sahara, la Tortue d'Égypte (*Testudo kleinmanni*) dans le nord-est de l'Afrique, ou encore la Tortue des steppes (*Testudo horsfieldii*) en Asie centrale.

Les pattes antérieures robustes de la Tortue des steppes suggèrent que cette espèce aime s'enfouir dans le sol.

Les mâles matures de la Tortue du Texas (*Gopherus berlandieri*) possèdent un éperon courbe et pointu.

Les *Gopherus* creusent des galeries souterraines de plusieurs mètres de long ou élargissent celles des petits mammifères, et y passent la saison sèche en compagnie de serpents, de grenouilles, de rongeurs ou d'arthropodes. Aux autres saisons, il leur arrive souvent de trouver refuge dans ces abris pour la nuit. C'est toujours un grand moment que de rencontrer une *Gopherus* qui court jusqu'à son terrier et y disparaît à une vitesse incroyable.

D'autres espèces trouvent refuge dans des cavités épigées, par exemple des fentes entre les roches. Les pierriers stockent la chaleur et il règne une humidité atmosphérique constante dans les espaces entre les pierres. Les espèces qui recherchent ces pierriers sont les tortues plates africaines du genre *Homopus* et l'étonnante Tortue de Tornier (*Malacochercus tornieri*) d'Afrique orientale. La carapace de cette dernière est plate, un avantage pour se faufiler dans les fissures. Cette tortue est bien éloignée de l'image traditionnelle de la tortue de jardin : sa carapace très plate est constituée de telle manière que l'animal peut la

Entrée du terrier souterrain d'une tortue gaufrée de Floride (*Gopherus polyphemus*), en Géorgie du Sud, États-Unis.

La carapace très plate et mobile de la Tortue de Tornier (*Malacochersus tornieri*) lui permet de se réfugier sous les pierres et dans les fissures de la roche.

gonfler en inspirant de l'air, ce qui lui permet de rester coincé dans sa cachette.

Beaucoup de tortues des pays chauds ne sont visibles qu'à la saison des pluies.

Les tortues des régions tropicales humides

Les tortues terrestres sont également répandues dans les forêts tropicales humides, où le soleil pénètre rarement et où, à la saison des pluies, celles-ci ont un caractère diluvien. L'humidité du sol et de l'air y sont élevées et la croissance de la végétation est intense. Ces forêts abritent *Geochelone denticulata* en Amérique du Sud, la Tortue articulée rongée (*Kinixys erosa*) et

Malgré le climat humide du Kerala, dans le sud-ouest de l'Inde, la période d'activité de la Tortue des Célèbes (*Indotestudo forstenii*) correspond à la saison des pluies, de juin à octobre.

La Tortue dentélée (*Geochelone denticulata*), une espèce forestière qui peut atteindre 70 cm de long, vit principalement dans les ceinture tropicale humide d'Amérique du Sud.

la Tortue articulée de Home (*K. homeana*) en Afrique centrale, la Tortue brune de Birmanie (*Manouria emys*) et la Tortue imprimée (*M. impressa*) en Asie, et la Tortue des Célèbes (*Indotestudo forstenii*) dans le sud-ouest de l'Inde. Ces espèces vivent dans la ceinture équatoriale de la Terre, où la température ambiante est élevée toute l'année malgré le manque d'ensoleillement au niveau du sol.

Anatomie, sens et comportement

Pour comprendre le mode de vie des tortues terrestres, il est important d'avoir des connaissances sur la structure de leur squelette et le fonctionnement de leurs organes, sur leurs facultés sensorielles ainsi que sur leur comportement et leurs besoins.

Qu'est-ce qui se cache sous la carapace?

La forme particulière des tortues terrestres ne résulte pas d'un quelconque caprice de la nature, mais d'un processus de sélection étalé sur des centaines de millions d'années. Au cours de celui-ci, les porteurs de caractères - formes, couleurs, comportements - inadaptés tombaient victimes des prédateurs, tandis que ceux qui avaient survécu transmettaient les leurs à leur descendance.

La **carapace** si chargée de symboles saute aux yeux quelle que soit l'espèce, mais sa forme, la coloration, sa rigidité et sa dureté varient d'une espèce à l'autre. Les tortues molles ont une carapace molle, les tortues luth une carapace en cuir, les kachugas une carapace en forme de toit, les tortues boueuses une carapace articulée. La carapace des tortues terrestres est généralement bombée, rigide et stable. Chez certaines espèces, elle est même articulée. Les tortues articulées (genre *Kinixys*) ont ainsi une articulation dans la partie postérieure de la dossière, tandis que les tortues-boîtes du genre *Pyxis* peuvent relever la partie antérieure - et partiellement la partie postérieure - du plastron. On observe un dispositif similaire chez les femelles adultes des tortues européennes, destiné avant tout à faciliter la ponte des œufs, avec leur coquille dure indéformable. Tout raccourcissement ou toute articulation de la carapace augmente la mobilité, mais c'est au détriment de la stabilité.

Ci-dessous à gauche: Les tortues articulées du genre *Kinixys* sont les seules tortues terrestres possédant une dossière articulée, qui leur permet de refermer la partie postérieure de la carapace.

Ci-dessous à droite: La partie postérieure du plastron de la Tortue levantine (*Testudo graeca ibera*) est souvent mobile.

Écailles cornées d'une tortue terrestre.
Dossière (à gauche) :
1-5. vertébrales ;
6. nuchale ;
7. supracaudale ;
8-11. pleurales (ou costales) ;
12-22. marginales.
Plastron (à droite) :
1. gulaire ;
2. humérale ;
3. pectorale ;
4. abdominale ;
5. fémorale ;
6. anale.

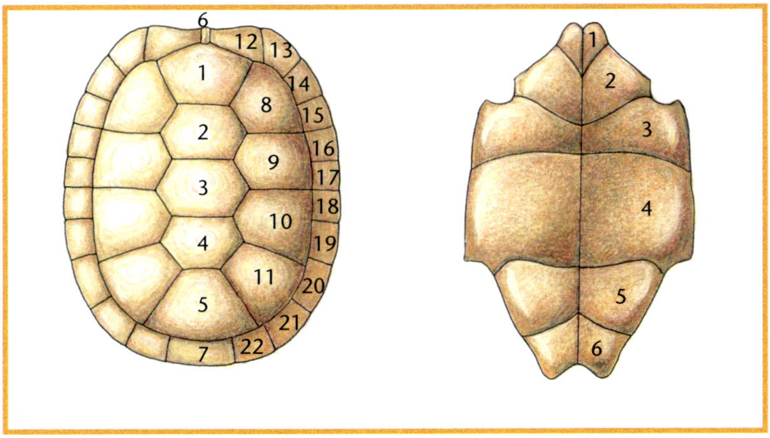

La carapace est constituée d'une partie supérieure généralement bombée, la **dossière**, et d'une partie inférieure plate, le **plastron**. Dossière et plastrons sont soudés sur les côtés par une arête osseuse. La carapace osseuse est composée de plaques d'os dermique, soudés entre elles par des sutures. Elle est recouverte d'une carapace cornée dont les écailles ne se superposent pas aux plaques osseuses et sont en nombre différent, comme on le voit facilement chez une tortue morte, une fois que les écailles se détachent des plaques osseuses. Au centre de la dossière, les plaques vertébrales sont soudées à la colonne vertébrale, tandis que les plaques pleurales (latérales) sont soudées aux côtes. Seules les vertèbres cervicales et caudales sont libres. La ceinture scapulaire (épaules) est également soudée à la carapace, et sa position particulière est unique chez les Vertébrés.

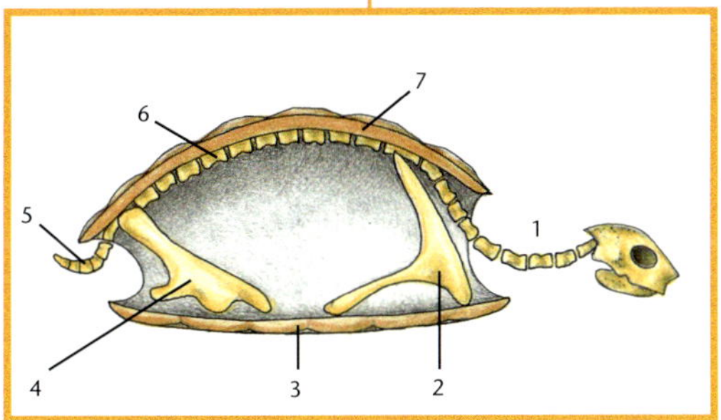

Coupe longitudinale d'une tortue terrestre :
1 vertèbres cervicales ;
2 ceinture scapulaire ;
3 plastron ;
4 bassin (ceinture pelvienne) ;
5 vertèbres caudales ;
6 vertèbres dorsales ;
7 dossière.

Chez les tortues terrestres, la **peau** des parties internes du corps s'est développée en vue de leur protection. Seules les parties du corps visibles lorsque l'animal est rentré dans sa carapace - tête, partie antérieure des pattes et queue - sont effectivement couvertes d'écailles cornées dures. Lorsque ces parties sont étirées et dépassent largement de la carapace, on constate que les parties les plus internes - cou, base des pattes et racine de la queue - possèdent peu ou pas d'écailles et ont une peau relativement souple. Celle-ci accroît la mobilité de ces parties, qui ne sont pas exposées lorsque l'animal est rentré.

La peau recouverte d'écailles est caractéristique des Reptiles.

Chez les tortues, la **respiration** n'est pas assurée par un gonflement et une extension de la poitrine, car la carapace ne le permet pas. Au repos, les poumons sont remplis d'air, et l'expiration est due à une compression à laquelle participent aussi les pattes antérieures et la gorge. Ces mouvement rythmiques sont faciles à observer.

Le **cœur**, les artères et les veines sont conformés de telle manière que le sang est un mélange de sang oxygéné et de sang riche en dioxyde de carbone, ce qui rend la température corporelle d'autant plus dépendante de la température ambiante.

Pour élever et nourrir des tortues (voir chapitre VI), il est important de comprendre leur **appareil digestif** et son fonctionnement. Les tortues des régions arides doivent gérer précisément l'eau de leur corps. Elles perdent aussi peu d'eau que possible et excrètent l'azote en excès sous forme de cristaux d'urée (au lieu d'urine liquide). Elles doivent donc ingérer peu de protéines afin de limiter les apports d'azote et donc la quantité d'urée à éliminer. L'estomac est relativement petit et peu extensible, ce qui limite les quantités ingérables en un seul repas. Le pancréas est petit, l'intestin grêle relativement court, ce qui signifie que les tortues ne peuvent digérer de grandes quantités de protéines. C'est avant tout le côlon ou gros intestin qui s'est adapté à la nourriture disponible dans les différents habitats. Les tortues des semi-déserts ont ainsi un côlon allongé pourvu d'une muqueuse très structurée, afin d'améliorer l'absorption des nutriments solubles et de faciliter la digestion de la cellulose et des fibres.

Cette spécialisation peut jouer des tours à ces espèces en captivité, quand, croyant bien faire, nous leur proposons des aliments digestes, peu fibreux et riches en nutriments, comme des fruits ou de la nourriture en boîte. Ces aliments transitent trop rapidement dans le tube digestif, où ils sont insuffisamment digérés et perturbent la résorption de l'eau. Les animaux que nous avons cru « dorloter » souffrent de diarrhées, de déshydratation et d'un affaiblissement général. De même qu'il faut éviter de nourrir nos enfants avec trop de frites et de sucreries, il ne faut pas vouloir trop « bien » faire avec nos protégées.

Comment voit, sent et entend une tortue ?

Les tortues se servent de leurs organes sensoriels pour rechercher leur nourriture, trouver des partenaires sexuels et s'orienter. Les tortues terrestres ont une bonne **vue** et sont capables de distinguer les couleurs. Pour se nourrir, elles préfèrent le rouge, le vert et le jaune. Elles peuvent aussi repérer les prédateurs, les ombres ou les plantes nourricières à une dizaine de mètres et perçoivent très bien les mouvements.

Leur sens de l'**odorat** est également bien développé. Les particules odorantes sont perçues de loin par les narines. Il est probable que leur odorat leur fournisse de meilleures informations que la vue, car tous les objets intéressants - nourriture, sol, obstacles, congénères - sont flairés soigneusement. Les tortues peuvent percevoir les substances odorantes à de grandes distances, ce qui ne les empêche pas de flairer de près tout ce qui les entoure.

Les tortues terrestres sentent et voient bien, et perçoivent de très petites variations de température. Leur ouïe et leur sensibilité à la douleur sont en revanche moins développées.

La perception de la chaleur (**thermosensibilité**) est bien développée. Incapables de réguler physiologiquement leur température corporelle, les tortues n'ont d'autre possibilité que de se déplacer pour maintenir leur corps entre 15 et 35 °C, leur température d'activité. Par temps frais, elles s'exposent au soleil, s'installent sur des sols chauds ou se réfugient dans la végétation épaisse, dans la litière du sol ou sous terre. S'il fait trop chaud, elles trouvent refuge à l'ombre, dans l'eau ou également sous terre. La température est perçue par des cellules spéciales, les thermorécepteurs. Répartis sur tout le corps, carapace comprise, ceux-ci sont particulièrement nombreux sur la tête et le nez ainsi que sous les pattes.

Le bon développement du **goût** est attesté par le fait que, souvent, un aliment déjà flairé n'est rejeté qu'après avoir été goûté avec la langue.

En revanche, l'**ouïe** est moins bien développée. Les tortues possèdent bien des oreilles pourvues de tympans, mais leur perception est limitée aux basses fréquences. Mais les tortues sont très sensibles aux vibrations du sol. Le fait que, avant l'accouplement, beaucoup d'espèces émettent des sons, suggère que ceux-ci peuvent être perçus (par le partenaire sexuel en l'occurrence).

Enfin, le sens du **toucher** est limité par l'épaisseur de la peau et la présence d'écailles; la **sensibilité à la douleur** est également moindre que celle des animaux à sang chaud. Toutefois, il ne faut pas non plus confondre une carapace de tortue avec un bouclier. Elle est irriguée par de nombreux vaisseaux sanguins, situés entre la carapace cornée et la carapace osseuse, et elle est plus sensible qu'on ne le croirait. Par exemple, il suffit de caresser doucement la carapace avec le doigt pour réveiller une tortue.

Comment réagissent les tortues ?

Comme tous les animaux, les tortues ne « pensent » pas au sens où nous le faisons. Ce chapitre devrait aider le lecteur à se mettre à la place d'une tortue. Pour une tortue, le passé est l'ensemble des expériences qu'elle a accumulées et qu'elle met à profit de manière limitée pour ses activités quotidiennes. De même, le futur n'est pas pour elle un moment planifié à l'avance, sur la base d'une comparaison avantages-inconvénients ou d'un calcul coûts-bénéfices. Son activité est essentiellement déterminée par les instincts inscrits dans ses gènes. Ces instincts déterminent, à l'intérieur d'un cadre et d'un éventail de comportements précis, comment l'animal réagit à diverses stimulations, telles que la température, la lumière, l'humidité et autres perceptions sensorielles.

Au cours de l'évolution, les tortues ont développé diverses stratégies de survie pour échapper aux prédateurs, effacer leurs traces ou éviter d'être repérées.

Les comportements instinctifs remplissent deux fonctions majeures : vivre aussi longtemps que possible - c'est l'**instinct de survie** - et transmettre ses gènes au plus grand nombre possible de descendants - c'est l'**instinct reproducteur**. Le bien-être (recherche de la bonne température corporelle), la défense, la fuite, la dissimulation ou la recherche de nourriture participent du premier; le second inclut la recherche d'un partenaire, la parade nuptiale du mâle, l'accouplement et la ponte.
Dans la nature, le premier souci des animaux est la survie.

Au cours de sa longue vie, une tortue s'expose à de nombreux dangers susceptibles de mettre sa santé et même sa vie en danger. Avant même de naître - dans l'œuf, donc - les tortues sont exposées sans défense à une multitude de prédateurs. Dans certaines régions, 90 à 95 % des nids sont pillés par des animaux. Dans les jours qui suivent la ponte, des mammifères tels que le renard, le raton laveur, les mustélidés, le blaireau ou le sanglier sont attirés vers le nid. Pourtant, la mère a creusé un nid dans un lieu suffisamment ensoleillé et l'a dissimulé à la vue. Mais elle a laissé des traces odorantes que seuls le soleil, le vent et la pluie effaceront avec le temps.

Le danger suivant menace les jeunes tortues dès la sortie de l'œuf. Quand elles quittent le nid, elles laissent à leur tour des traces odorantes qui attirent de nouveau les prédateurs. Le fait que la plupart des œufs d'une même ponte éclosent en même temps - et en même temps que les œufs pondus par les autres femelles - diminue les pertes, car cela fait trop de proies à capturer à la fois. Les jeunes, dont la carapace est encore molle et suffisamment petite pour être saisie dans la gueule des carnivores, ont un comportement discret, se déplacent peu et vivent à couvert la plupart du temps. Avant toute chose, ne pas être découvert : telle est leur stratégie de survie, à laquelle concourent la forme et la coloration de la carapace.

Pendant ce temps, les jeunes tortues ont une alimentation riche qui leur permet d'atteindre rapidement une taille et une dureté de carapace suffisantes. Enfin, il faut échapper à d'autres dangers, comme les chutes, la noyade, le gel, l'hyperthermie, la faim ou l'égarement dans un environnement peu propice. Au moment de la ponte, les femelles sont particulièrement exposées, car, pour pondre, elles recherchent souvent des lieux découverts, bien exposés au soleil (pour chauffer les œufs) et offrant peu d'obstacles à la vue. La ponte elle-même les contraint à rester au même point pendant des heures, et c'est aussi un exercice exténuant. Néanmoins, les femelles possèdent des stratégies de défense, choisissant pour pondre des heures où les prédateurs sont au repos.

Comportement social et comportement reproducteur

Pour qu'un comportement puisse être qualifié de social, il faut qu'au moins deux individus partagent, au moins temporairement, un même espace vital, qu'ils communiquent entre eux, qu'ils se comprennent et échangent des informations.

En dehors de la période de reproduction, les tortues sont solitaires. Elles ne possèdent donc pas de comportement social développé.

Pour que plusieurs individus partagent un espace restreint, il faut que celui-ci offre suffisamment de nourriture, de bonnes conditions de vie, une protection efficace, permettant notamment aux jeunes de grandir dans une relative sécurité.

Il existe peu d'études relatives aux populations sauvages de tortues. Certaines espèces sont même devenues si rares qu'il n'a pas été possible d'en

Parade nuptiale, 1ère phase : Cette Tortue d'Hermann orientale (*Testudo hermanni boettgeri*) mâle poursuit une femelle.

Il faut surveiller de près les mâles rivaux en période de reproduction, car ils peuvent se blesser sérieusement au cours de leurs combats. Il faut alors les séparer pendant quelques temps.

découvrir plus d'une dizaine d'individus dans des habitats pourtant favorables. Nous disposons de quelques chiffres pour un petit nombre d'espèces encore abondantes : il y a 50 ans, on comptait 41 tortues des steppes (*Testudo horsfieldii*) par hectare ; 40 ans plus tard (entre 1956 et 1995), au même endroit, la densité était tombée à 24,2 individus. Dans le Caucase on n'a trouvé que 5,6 *Testudo graeca nikolskii* par hectare, et seulement 11 tortues d'Hermann occidentales (*Testudo hermanni hermanni*) par hectare dans le sud de la France. Encore s'agit-il là de situations favorables : la densité moyenne de ces espèces se situe généralement entre 0,5 et 5 individus à l'hectare. Dans ces populations, on ne peut cependant parler de comportement social : les rencontres entres animaux sont essentiellement dues à l'attraction exercée par une source de nourriture, un lieu ombragé ou un terrier - quand ceux-ci sont rares.

Les tortues ne montrent pas de comportement territorial comparable à celui des mammifères ou des oiseaux (par exemple près du nid). Les tortues terrestres sont solitaires. En dehors de la saison de reproduction, les rencontres sont généralement fortuites. Au mieux, les tortues se « saluent » d'un hochement de tête ou hument l'air en direction de l'autre, quand elles ne s'ignorent pas complètement. Il en va tout autrement à la saison des amours.

Rencontre mâle-mâle

À la **saison des amours**, qui peut être décalée de plusieurs mois selon le climat, les mâles recherchent activement des femelles. A cette époque, ils se déplacent beaucoup. Quand ils rencontrent une autre tortue, ils vérifient - d'abord visuellement, puis à l'odeur - à quelle espèce et à quel sexe celle-ci appartient. S'il s'agit d'un mâle, notre tortue l'évite immédiatement ou l'affronte - cela varie d'une espèce à l'autre, mais aussi d'un individu à l'autre. Les rivaux se bousculent et se heurtent comme des cerfs, ou bien cherchent à intimider l'adversaire en le soulevant par le côté ou en le retournant sur le dos. Chez certaines espèces, les plaques gulaires du plastron des mâles sont dotées de prolongements destinés à faciliter ces manœuvres.

Pour attaquer l'adversaire par le côté, les deux rivaux tournent l'un autour de l'autre, cherchant la position qui leur permettra de prendre le dessus. Parfois, l'un d'eux monte sur l'autre, qui, à son tour, tente de retourner la situation à

son avantage par des mouvements du corps. La plupart de ces combats se terminent sans blessé, l'un des mâles prenant la fuite. Si le combat se déroule sous les yeux d'une femelle, celle-ci quitte généralement les lieux avant la fin.

Rencontre mâle-femelle

Lorsqu'un mâle rencontre une femelle de son espèce, celle-ci prend la fuite ou rentre dans sa carapace. Les poignets et les chevilles des tortues n'étant pas mobiles, le mâle ne peut pas maintenir sa partenaire. Même lorsqu'il est en position, prêt à l'accouplement, il suffit que la femelle avance de quelques pas pour qu'il se retrouve par terre. Souvent, on reconnaît que la femelle est prête à s'accoupler au fait qu'elle reste sur place et relève la croupe en s'appuyant sur les pattes postérieures. Mais, la plupart du temps, le mâle doit l'amadouer. Pour cela, il se tourne vers elle, rentre la tête et heurte sa carapace en prenant appui sur les pattes arrière.

La Tortue sillonnée (*Geochelone sulcata*) possède deux éperons qui prolongent le plastron des mâles. Ces éperons sont utilisés aux cours des combats nuptiaux.

Dans les petits enclos, les mâles harcèlent parfois les femelles avec tant d'obstination que celles-ci ne peuvent plus se dégager. Dans ce cas, il vaut mieux séparer temporairement les animaux.

Le bruit des carapaces qui se heurtent s'entend de loin. Le mâle cogne ainsi la femelle plusieurs fois de suite, puis court vers l'avant afin de prendre contact tête contre tête et lui mordre les pattes antérieures. Ces manœuvres ont pour but de lui faire rentrer la tête et les pattes avant; le volume de la carapace étant constant, cela provoque un recul de la queue et de la région anale. Aussitôt, le mâle se précipite - à une vitesse dont on ne croirait pas une tortue capable - à l'arrière pour monter sur sa partenaire. Mais cette situation peut amener la femelle à rentrer son postérieur. Le mâle se laisse alors glisser vers l'arrière et retourne en courant vers l'avant, où il recommence son manège, heurtant et mordant sa partenaire. Le jeu recommence au début et peut se répéter plusieurs fois. Entre deux manœuvres, la femelle tente parfois de trouver son salut dans la fuite et parvient parfois à échapper à son soupirant. Le temps qui s'écoule avant qu'elle ne rencontre un autre prétendant dépend de la densité des tortues. Les mâles étant généralement plus nombreux, il y a une forte probabilité que chaque femelle soit fécondée et ponde chaque année. Il arrive parfois que les femelles manifestent un comportement territorial avant la ponte et combattent les autres tortues à la manière des

Parade nuptiale, phase 3 : Si la femelle cherche à fuir, le mâle tente de l'amadouer et de la forcer à rester en lui mordant les pattes antérieures. Ici, des tortues naines du Péloponèse (*Testudo weissingeri*).

mâles. Les femelles sont le « goulet d'étranglement » - ou facteur limitant - de l'élevage des tortues : aussi actifs que soient les mâles, le taux de reproduction est limité par le nombre de femelles.

Rythmes d'activité journalière

L'activité des tortues terrestres dépend de plusieurs facteurs, en premier lieu de la température, de l'humidité atmosphérique et de leur habitat. L'activité est maximale quand la température corporelle se situe entre 25 et 33 °C. C'est dans cette gamme de températures que les sens et les organes des tortues sont les plus efficaces. Dans le Bassin méditerranéen, ces températures optimales ne sont pas toujours atteintes. La nuit, le soleil ne brille pas, les températures sont plus basses et l'air est plus humide. En dessous de 20 °C et au-dessus de 35 °C, les tortues doivent se protéger du froid ou de la chaleur. Ces animaux diurnes se cachent la nuit dans les buissons, les souches d'arbres, les fissures et les espaces entre les roches, ou encore sous les feuilles mortes, dans des creux ou dans des terriers creusés par leurs soins.

> La température d'activité idéale des tortues, animaux à sang « froid », est comprise entre 25 et 33 °C.

Réveil et réchauffement

L'heure où les tortues, stimulées par l'augmentation de la température, se réveillent, dépend de l'habitat et des conditions météorologiques. Sur les pentes orientées au sud-est, recouvertes d'une végétation buissonnante, les tortues se réveillent avec les premiers rayons du soleil, quand celui-ci se lève. En forêt, où les rayons du matin, encore bas sur l'horizon, pénètrent à peine, les tortues commencent leur journée plus tard.

> L'activité journalière des tortues est déterminée par les variations saisonnières du climat.

Au réveil, elles tournent sur elles-mêmes et inspectent les alentours. Dans le soleil du matin, elles cherchent à augmenter leur température corporelle jusqu'à la valeur idéale, juste au-dessus de 30 °C. Le réchauffement étant plus rapide si les rayons solaires touchent le corps à angle droit, les tortues s'installent souvent presque verticalement, en s'appuyant sur des touffes d'herbe, des pierres ou des branches. Elles peuvent aussi se coucher sur des surfaces qui conservent la chaleur, comme les pierres ou le sable, étirant la tête et les pattes afin d'exposer la plus grande surface possible au soleil. Une fois la température idéale atteinte - plus tôt en été, plus tard au printemps -, les tortues partent en quête de nourriture. Les animaux, en particulier les jeunes, couvrent alors leurs besoins en eau en mangeant des plantes encore couvertes de rosée.

Ces Tortues d'Hermann orientales profitent des premiers rayons de soleil en se dressant contre le mur de leur enclos.

La chaleur de la mi-journée

Au cours de la matinée, le soleil monte dans le ciel, les rayons réchauffent l'atmosphère, la température corporelle des tortues atteint ou dépasse 33 °C : maintenant, les tortues cherchent de l'ombre. Tout d'abord, elles ne protègent que leur tête, la carapace restant souvent exposée au soleil. Bientôt, il fait trop chaud et les animaux se réfugient dans des cachettes ou dans leurs abris nocturnes. Les températures modérées et l'humidité plus élevée de ces refuges leur permettent de passer les heures les plus chaudes et de dépenser peu d'énergie. Vers le soir, elles se réveillent à nouveau et sortent pour quelques heures. Elles profitent des derniers rayons du soleil pour se réchauffer, manger ou rechercher des partenaires sexuels.

Les heures où se déroulent ces différentes activités varient tout au long de l'année. Les jours nuageux, venteux ou pluvieux, où l'humidité atmosphérique est plus élevée, les tortues méditerranéennes ne quittent pas leurs cachettes ou ne s'activent qu'en fin de matinée.

Les tortues méditerranéennes au fil des saisons

Dans les régions tempérées telles que le Bassin méditerranéen, le cycle annuel d'activité est principalement déterminé par les variations saisonnières des températures, avec des étés chauds et secs et des hivers froids et pluvieux. Cela concerne la Tortue grecque et ses sous-espèces (*Testudo*

Les étranges dessins étoilés de la Tortue étoilée d'Inde (*Geochelone elegans*) n'apparaissent qu'au bout de quelques années seulement. Les motifs des jeunes sont très différents.

graeca), la Tortue d'Hermann (*T. hermanni*), la Tortue des steppes (*T. horsfieldii*), la Tortue bordée (*T. marginata*) ainsi que la Tortue charbonnière (*Geochelone carbonaria*), qui vit au Paraguay.

Dans les régions subtropicales, plus chaudes et plus encore dans la ceinture équatoriale, l'activité est surtout influencée par les variations d'humidité, c'est-à-dire par l'alternance de la saison sèche et de la saison des pluies. Les espèces concernées sont la Tortue charbonnière, la Tortue étoilée d'Inde (*G. elegans*), la Tortue léopard (*G. pardalis*), la Tortue sillonnée (*G. sulcata*) et la Tortue à tête jaune (*Indotestudo elongata*). Pendant la saison sèche, les tortues doivent non seulement résister à l'ardeur du soleil, mais aussi au manque de nourriture. Seules les pluies leur procurent des conditions de vie favorables.

En Asie, la Tortue à tête jaune (*Indotestudo elongata*) est l'espèce dont la répartition géographique est la plus vaste. Elle vit de l'Inde jusqu'au Vietnam, dans les régions sèches comme dans les régions humides.

Au printemps, dans le sud-est de l'Europe, les températures s'élèvent et dépassent 25 °C pendant plusieurs jours d'affilée, entre la fin mars et le début d'avril. Cela déclenche le réveil des tortues, qui sortent de leur engourdissement hivernal. Sous terre, les animaux tournent l'avant du corps vers le haut et se hissent vers la surface en fouissant. Encore couverts de mottes de terre ou de glaise, ils passent souvent quelques jours sous les feuilles mortes pour se réchauffer, avant de s'exposer directement au soleil. Si le réchauffement est précoce, les tortues sont alors sous la menace d'un retour brutal des gelées. De même, beaucoup d'individus enfouis trop superficiellement meurent lors des hivers rigoureux. Au printemps, les tortues doivent, comme de nombreux autres animaux, compenser les pertes de l'hiver et refaire les réserves de graisses consommées. En raison de l'ensoleillement encore modéré à cette saison, la période d'activité principale se situe à la mi-journée. A mesure que la saison avance et que le soleil monte dans le ciel, cette période se scinde en deux moitiés qui se déplacent progressivement vers le matin et vers le soir.

Les tortues léopard vivent dans le sud et l'est de l'Afrique. Leur carapace peut atteindre 70 cm de long.

Alors que, en mars, la période active se situe entre 11 h et 16 h, elle se déroule de 10 h à 12 h et de 15 h à 18 h en avril, de 8 h à 11 h et de 16 h à 19 h en mai, et de 7 h 30 à 10 h et de 17 h à 20 h en juin. Cela peut bien sûr varier en fonction de la latitude, de la végétation, du climat, de la nature du sol et de l'altitude.

Paramètres climatiques d'Athènes, Grèce

	Jan.	Fev.	Mars	Avril	Mai	Juin	Juil.	Août	Sept.	Oct.	Nov.	Dec.
températures maximales moyennes (°C)	12,9	13,6	16,0	20,3	25,3	29,8	32,6	32,3	28,9	23,1	18,6	14,7
températures minimales moyennes (°C)	6,5	6,9	8,4	11,6	15,4	20,1	22,5	22,3	19,2	14,9	11,4	8,3
précipitations (mm)	45	48	43	28	17	10	4	5	12	48	51	67
ensoleillement (h)	138	145	187	239	303	341	374	356	283	218	164	136

Paramètres climatiques de Paris, France

	Jan.	Fev.	Mars	Avril	Mai	Juin	Juil.	Août	Sept.	Oct.	Nov.	Dec.
températures maximales moyennes (°C)	6,3	7,9	11,0	14,5	18,4	21,6	23,9	23,6	20,8	16,0	10,1	7,0
températures minimales moyennes (°C)	2,0	2,6	4,5	6,7	10,1	13,2	15,2	14,8	12,6	9,4	5,2	2,9
précipitations (mm)	55	45	52	49	62	53	58	46	53	55	57	55
ensoleillement (h)	59	89	134	176	203	221	240	228	183	133	79	53

En été, les principales périodes actives des tortues se décalent vers le matin et le soir.

Juste après l'hibernation, déterminée par la durée du jour et la température, l'instinct de reproduction se réveille chez les mâles. À cette époque de l'année, ils parcourent de longues distances à la recherche de partenaires. C'est pourquoi on ne trouve pratiquement que des mâles en mars-avril. Six à huit semaines plus tard, de fin mai à début juin, les femelles se déplacent à leur tour, mais pour une toute autre raison : elles recherchent des lieux à végétation basse ou éparse afin de pondre dans des sols bien exposés au soleil. Ce sont surtout les tortues des forêts épaisses et des maquis qui migrent ainsi.

En été, les températures dépassent 35 °C pendant de longues périodes et les précipitations se font rares. Le niveau des nappes phréatiques baisse, seules les plantes à racines profondes atteignent encore l'eau. Les autres, dont les plantes dont se nourrissent les tortues, finissent par se dessécher sous le soleil ardent. Les tortues qui vivent dans les maquis, les savanes et le dunes, limitent leur activité au petit matin et au soir. Pendant la journée, elles se reposent dans leurs abris. Certaines se réfugient dans des forêts voisines, où les arbres procurent de l'ombre et où les plantes de sous-bois et les feuilles mortes conservent au sol une certaine fraîcheur. Le cas échéant, les tortues recherchent les vallons où subsiste encore de l'eau, stagnante ou courante,

Tortue levantine (*Testudo graeca ibera*) sur son lieu de vie, dans le sud de la Turquie.

qui les rafraîchira et leur procurera une végétation encore verte.

Dans les steppes et les semi-déserts du Caucase et de l'Afrique du Nord, les tortues trouvent difficilement à se cacher dans la végétation éparse et s'enfouissent sous terre au début du mois d'août. Par exemple, la Tortue des steppes (*Testudo horsfieldii*) recherche des galeries ou des terriers de mammifères, où elle séjourne vers 25 à 50 cm de profondeur. La Tortue grecque (*Testudo graeca*) et la Tortue d'Égypte (*T. kleinmanni*) d'Afrique du Nord-Est ne trouvent plus à se nourrir dès le début de juin et entrent en repos estival, ou **estivation**. Ces petits animaux au corps clair se réchauffent plus vite au printemps et ont des besoins énergétiques réduits, adaptés à leur brève période d'activité. Alors que, en mai, ils sortent encore deux heures le matin et deux heures l'après-midi, ils séjournent souvent des semaines entières dans leurs terriers en été. Les espèces des régions tropicales sèches ont une période d'activité semblable. Même la grande Tortue sillonnée se réfugie dans des trous creusés dans le sable en été ; souvent, plusieurs individus s'y rassemblent pour mieux se défendre.

La végétation méditerranéenne, composée d'arbres à feuilles coriaces et de buissons, a pour origine la déforestation de ces régions. De nos jours, le couvert végétal est maintenu bas ou dégradé par le surpâturage des chèvres et des moutons. Lorsqu'elle est dense et atteint 2 à 5 m de haut, cette végétation est appelée maquis. Lorsqu'elle est composée d'arbrisseaux et d'arbustes nains qui ne dépassent pas 1,5 m de hauteur, elle reçoit le nom de garrigue.

En **automne** dans le Bassin méditerranéen, le climat ressemble beaucoup à celui du printemps. Toutefois, la végétation est plus maigre et le régime des tortues change : les fruits, baies et champignons complètent le menu. Les premières pluies, qui ramollissent le sol sec, déclenchent l'éclosion des œufs. Le sol mou facilite aussi l'émergence des jeunes.

À mesure que le ciel redescend sur l'horizon, les périodes d'activité se rapprochent de la mi-journée, à l'inverse du printemps. À la fin d'octobre ou en novembre, les temps est plus variable et les tortues passent les premières journées froides dans leurs cachettes. Quand la chaleur revient, elles s'activent de nouveau. Puis, même durant les belles journées, elles se déplacent peu, s'exposent au soleil et ne s'alimentent presque plus. L'intestin est vidé et l'organisme réduit son activité. Les animaux sentent la venue de l'hiver.

Choisissant des lieux peu ventés, elles s'enfouissent dans le sol dans la deuxième moitié de novembre, d'abord à faible profondeur - on peut encore voir le monticule de terre rejeté au dehors. À mesure que la température diminue, elles creusent toujours plus profond, jusqu'à un niveau où le gel ne peut les atteindre et où les réchauffements brefs ne risquent pas de les réveiller.

Dans le Caucase et les régions littorales d'Afrique du Nord, l'automne est en général encore trop chaud pour que la végétation reparte. Les tortues ne quittent donc pas leurs abris. Dans le Caucase, où vit la Tortue des steppes, l'hiver survient brutalement certaines années et se manifeste par des températures très basses. L'hibernation succède aussitôt à l'estivation, sans que les tortues ne quittent leurs cachettes souterraines. Ces années-là, les tortues ne sont actives qu'au printemps et au début de l'été.

En hiver les tortues du nord du Bassin méditerranéen hivernent sous terre, à l'abri du gel, de la neige, de la pluie et des tempêtes. Quand la température est inférieure à 10 °C, leur métabolisme est si ralenti qu'elles perdent très peu d'énergie. L'humidité du sol réduit leurs pertes d'eau : au printemps, les tortues n'ont perdu que 5 à 10 % de leur poids. C'est également le cas de la Tortue des steppes, dans le Caucase, mais pas des populations nord-africaines. Dans ces régions, l'hiver est doux et humide, et les tortues grecques et les tortues d'Égypte restent activent et se nourrissent, sauf par temps froid.

Adopter une tortue terrestre

Le meilleur exemple d'un élevage responsable et réussi d'animaux sauvages n'est autre que la nature elle-même. Mais il n'est pas possible de reproduire intégralement chez soi les conditions de vie naturelles - habitat, climat, végétation, nature du sol. Hediger, biologiste spécialisé en animaux de zoos, affirme : « L'imitation précise du milieu naturel n'est pas la solution idéale dans un zoo ; il est plus réaliste de transposer intelligemment - d'un point de vue biologique s'entend - les conditions de vie naturelles dans l'univers artificiel du zoo. » Dans les chapitres qui suivent, toutes les réponses aux questions que soulève l'élevage des tortues tiennent compte de leurs conditions de vie naturelles, transposées au milieu artificiel que nous leur proposons chez nous.

A quoi faut-il penser avant d'adopter une tortue ?

Tout d'abord, un point doit être clair : en achetant et en élevant des animaux, nous prenons la responsabilité de faire tout notre possible pour leur offrir des conditions de vie adaptées. Il faut pour cela réunir quatre conditions :

Des connaissances, afin de comprendre le mode de vie et les besoins des tortues ;

De l'argent : la construction de l'enclos, son entretien et son aménagement, l'achat des animaux et les soins représentent une dépense financière ;

De l'espace : l'enclos nécessite un emplacement approprié, on ne peut pas le construire n'importe où, même si l'on dispose de place ;

Du temps : la construction, l'aménagement et l'entretien de l'enclos, les soins aux animaux et leur observation nécessitent du temps.

Commencez par en apprendre autant que possible sur la vie des tortues sauvages, puis repérez les points les plus importants afin de les reproduire ensuite chez vous de manière aussi sensée que possible.

Tous ces points supposent qu'une condition préalable soit remplie : un intérêt profond pour les animaux. Le souhait d'adopter une tortue vient des enfants, c'est pourquoi les parents sont les premiers concernés. Il y aura plus tard les vacances, des maladies, de nouveaux centres d'intérêt apparaîtront. Mais les animaux restent et continuent d'exiger soins et attention.

Que reçoit-on en retour ? Un regard sur la vie de ces animaux archaïques pas si faciles à comprendre. Un jeu de questions-réponses qui passionnera certains toute leur vie, mais qui en lassera d'autres rapidement. Bien soignée, une tortue terrestre peut vivre très longtemps : réfléchissez, car ce n'est pas elle qui sera liée pour la vie !

Espèces pour débutants, espèces pour confirmés

Élever des animaux n'est pas sans rappeler la circulation routière : il y a des conducteurs responsables et des inconscients. Au début, les deux types de conducteurs sont inexpérimentés, puis ils gagnent en maîtrise avec la pratique. Mais, sur la route, il est peut-être préférable de rencontrer un débutant responsable plutôt qu'un inconscient expérimenté. En élevage comme sur la route, les personnes responsables sont préférables aux inconscients. Et personne n'a jamais débuté en possédant déjà de l'expérience : il faut donc bien se lancer un jour...

Dans les pages suivantes, toutes les tortues terrestres connues sont jugées en fonction de leur taille, de leurs populations sauvages, de leur disponibilité dans le commerce et de leurs exigences en captivité. Certaines espèces sont conseillées au débutant (responsable) ; les espèces à réserver aux personnes expérimentées (et responsables) sont également signalées.

Il n'est pas question d'élever les espèces qui, dans la nature, sont rares à très rares (voir Tableau p. 46). Il en reste donc treize. Écartons les espèces qu'on ne trouve que rarement ou jamais dans le commerce, comme la Tortue angulée (*Chersina angulata*), la Tortue dentelée (*Geochelone denticulata*), la Tortue articulée de Bell (*Kinixys belliana*) et la Tortue naine du Péloponèse (*Testudo weissingeri*), et il nous reste neuf espèces, en caractères gras dans le tableau de la page 46. En raison de leur taille et des besoins en espace et en travail correspondants, ou de leur origine incertaine, nous réserverons les espèces suivantes aux **personnes confirmées** : Tortue charbonnière (*Geochelone carbonaria*), Tortue étoilée d'Inde (*G. elegans*), Tortue léopard (*G. pardalis*), Tortue sillonnée (*G. sulcata*), Tortue à tête jaune (*Indotestudo elongata*) et Tortue des steppes (*Testudo horsfieldii*). **Pour l'amateur**, il reste donc trois espèces : les sous-espèces de la Tortue grecque (*Testudo graeca*), la Tortue d'Hermann (*T. hermanni*) et la Tortue bordée (*T. marginata*).

Il est plus particulièrement conseillé de débuter avec la Tortue levantine ou Tortue turque (*Testudo graeca ibera*), avec la Tortue d'Hermann orientale (*T. hermanni boettgeri*) ou avec la Tortue

Si vous débutez, il vaut mieux commencer avec les espèces ou sous-espèces des Balkans. Toutefois, on ne trouve pratiquement plus d'adultes importés, mais presque uniquement des jeunes issus d'élevages.

Les tortues terrestres du monde entier : aires géographiques, fréquence, longueur de la carapace, disponibilité dans le commerce et difficulté d'élevage.

Espèce	aire géograph. naturelle	fréquence dans la nature	longueur moyenne (cm)	disponibilité des animaux dans le commerce		élevage en captivité
				de la nature	d'élevage	
Chersine angulata	Afrique australe	moyenne	25	rare	jamais	difficile
Geochelone carbonaria	Amérique du Sud	moyenne	45	rare	assez courante	moyen
G. chilensis	Am. du Sud	rare	20	jamais	jamais	difficile
G. denticulata	Am. du Sud	moyenne	60	rare	rare	moyen
G. elegans	Inde	moyenne	25	rare	assez courante	difficile
G. gigantea	Seychelles	rare	110	jamais	jamais	difficile
G. nigra	Galapagos	rare	110	jamais	jamais	difficile
G. pardalis	Afrique	moyenne	60	rare	assez courante	moyen
G. platynota	Birmanie	très rare	25	jamais	jamais	difficile
G. radiata	Madagascar	rare	40	jamais	rare	moyen
G. sulcata	Afrique	moyenne	70	très rare	assez courante	facile
G. yniphora	Madagascar	très rare	40	jamais	jamais	moyen
Gopherus (4 espèces)	Mexique, sud des Etats-Unis	rares	20 à 45	jamais	jamais	très difficile
Homopus (5 espèces)	Afrique australe	rares	10 à 15	jamais	jamais	très difficile
Indotestudo elongata	Asie	moyenne	28	rare	assez courante	moyen
I. forstenii	Sud de l'Inde, Bornéo	rare	28	jamais	jamais	difficile
Kinixys (6 espèces)	Afrique	moyenne à rare	14 à 30	jamais	très rare	difficile
Malacochersus	Afrique	rare	16	jamais	rare	difficile
Manouria emys	Asie du Sud-Est	rare	55	jamais	très rare	difficile
M. impressa	Asie du Sud-Est	très rare	28	jamais	jamais	très difficile
Psammobates (3 espèces)	Afrique australe	rares	13 à 24	jamais	jamais	très difficile
Pyxis (2 espèces)	Madagascar	très rares	14	jamais	très rare	difficile
Testudo graeca	Bassin méditerranéen jusqu'en Iran	fréquente	28	moyenne	fréquente	variable selon sous-espèce
T. hermanni	Bassin méditerranéen	fréquente	23	moyenne	fréquente	variable selon sous-espèce
T. horsfieldii	Arménie jusqu'au Pakistan	fréquente	20	moyenne	rare	moyen
T. kleinmanni	Nord de l'Afrique	rare	13	très rare	très rare	très difficile
T. marginata	Sud-est de l'Europe	moyenne	30	rare	fréquente	facile
T. weissingeri	Sud Grèce	rare	23	très rare	rare	moyen

Les sous-espèces du genre Testudo : aires géographiques, fréquence, disponibilité dans le commerce et difficulté d'élevage.

Testudo	**aire géographique naturelle**	**fréquence dans la nature**	**disponibilités des animaux de la nature**	**d'élevage**	**élevage en captivité**
T. graeca *graeca*	Sud de l'Espagne, Afrique du Nord	moyenne	très rare	très rare	très difficile
- *gr. anamurensis*	Sud de la Turquie	rare	très rare	très rare	moyen
- *gr.* ***ibera***	Balkans, Turquie, sud du Caucase	fréquente	rare	moyenne	assez facile
- *gr. nikolskii*	Nord-ouest du Caucase	rare	très rare	très rare	moyen
- *gr. terrestris*	Syrie, Israël, Libye	rare	très rare	très rare	très difficile
- *gr. zarudnyi*	Sud-est de l'Iran	rare	très rare	très rare	difficile
T. herm. *hermanni*	Sud de la France, Italie, Baléares, Sardaigne, Corse	rare	très rare	rare	difficile
- ***herm. boettgeri***	Balkans, sud de l'Italie, Sicile	fréquente	rare	fréquente	assez facile
- ***marginata***	Sud Balkans, ouest Turquie, Sardaigne	moyenne	rare	fréquente	assez facile

bordée (*T. marginata*). Leurs habitats d'origine et leurs besoins sont similaires sans être identiques. Leurs aires de répartition se recouvrent, mais on les trouve rarement dans le même habitat. En ce qui concerne leurs besoins, ces trois tortues seront traitées ensemble, mais les différences seront précisées.

Où acheter une tortue terrestre ?

Il y a quelques décennies, il était très facile d'acheter une tortue terrestre. On en trouvait dans presque toutes les animaleries et, dans les grandes villes, l'offre était si forte qu'on pouvait choisir entre des centaines d'animaux, en particulier au printemps. On trouvait essentiellement des espèces méditerranéennes : la Tortue d'Hermann orientale (*Testudo hermanni boettgeri*), la Tortue levantine (*T. graeca ibera*) et la Tortue mauresque (*T. graeca graeca*), et, jusque dans les années 80, le marché était inondé de tortues de steppes (*T. horsfieldii*) en provenance d'Asie. Puis les importations massives cessèrent en raison des restrictions légales, qui commençaient à porter leurs fruits. La demande, toujours aussi forte, se traduisit par une augmentation rapide des prix. Cela amena certaines personnes, en Europe, à élever des tortues

Deux mâles approchent une Tortue d'Hermann orientale femelle en même temps, l'un par l'avant, l'autre par l'arrière. Afin d'épargner à la femelle un stress trop durable, il faut mettre les mâles à l'écart au moins de temps à autre.

Si vous souhaitez rapporter une tortue de vacances par exemple vous devrez respecter les lois qui encadrent l'exportation et l'importation des animaux.

pour la reproduction massive. Mais les difficultés posées par l'élevage intensif - nécessité de climatiser, conditions d'hygiène, maladies contagieuses, cohabitation entre individus - ont abouti à de nombreux échecs. En revanche, les personnes qui élevaient des tortues en petit nombre rapportaient toujours plus de résultats positifs, d'abord isolés puis nombreux. L'offre a changé de nature : alors que l'on importait des tortues moyennes à grosses capturées dans la nature, on vend aujourd'hui essentiellement de petites tortues issues d'élevages. Au moins pour ce qui concerne les espèces européennes les plus courantes, le marché ne prélève plus d'animaux dans les populations sauvages. On n'en est pas encore là pour les espèces les plus rares. Quelles sont les possibilités qui s'offrent aux candidats à l'achat d'une tortue ?

Ramassage dans la nature : Le ramassage direct dans la nature est le moyen le plus fastidieux et le moins recommandable de se procurer une tortue. Le voyage et le séjour et les recherches dans le pays prennent beaucoup de temps, demandent de bien connaître les lieux et les milieux naturels ; Dans la plupart des pays, une autorisation de ramassage est nécessaire, ainsi qu'un permis d'exporter (voir p. 8) dont l'obtention n'est pas aisée. L'importation dans le pays d'arrivée est elle aussi soumise à autorisation. Enfin, de nombreuses populations de tortues, comme la Tortue d'Hermann dans le massif des Maures, sont menacées par les incendies de forêt, l'urbanisation, mais aussi par le ramassage abusif auquel se livrent les vacanciers. Il est donc préférable de ne pas rapporter de tortue d'un voyage.

Évitez de céder à la pitié et d'acheter une tortue exposée à la vente dans son pays d'origine. Les animaux ainsi « sauvés » par vos soins seront aussitôt remplacés par d'autres capturés dans la nature.

Achat dans le pays d'origine : Acheter sur place permet de s'épargner des recherches fastidieuses, mais les formalités à remplir restent les mêmes. L'idée que l'on libère ainsi une « pauvre » tortue d'une situation pénible est hélas erronée. Sa place sera bientôt prise par une autre tortue. En achetant, on encourage le ramassage sauvage et l'on contribue à appauvrir la biodiversité.

Achat dans son propre pays : Acheter auprès d'un éleveur des environs est la manière la plus sensée, la moins chère et la plus simple d'acquérir une tortue. On pourra obtenir des conseils pratiques et voir l'endroit où est née la tortue, ainsi que ses parents. On trouvera l'adresse d'un éleveur dans les revues spécialisées, auprès des associations et dans les annonces que celles-ci publient.

Achat dans une animalerie : Dans ces magasins, on trouve parfois des tortues importées, mais aussi des tortues issues d'élevage ou des tortues dont les propriétaires souhaitent se débarrasser.
Associations de défense des animaux : Dans les refuges de ces associations (comme la Société Protectrice des Animaux en France), on trouve parfois des tortues échappées ou abandonnées (voir Adresses utiles en fin d'ouvrage).
Administrations et zoos : Ces services confient parfois à des éleveurs confirmés des animaux confisqués.

Solitaire ou en groupe ?

Il n'y a pas de réponse simple à la question fréquente de savoir si une tortue solitaire est « malheureuse » ou s'il vaut mieux élever un couple ou un groupe (comprenant une ou plusieurs espèces). Celle-ci dépend de :
- nos centres d'intérêt ;
- de l'espace disponible ;
- du bien-être des animaux ;
- du comportement de chaque espèce.

Seule ou en groupe : avantages et inconvénients

Élever une tortue seule

- demande moins de place ;
- facilite le contrôle de son comportement, de son alimentation et de ses excréments ;
- pose moins de problèmes de cas d'absence ou pendant les vacances.

Élever plusieurs tortues des deux sexes (de la même espèce ou d'espèces différentes)

- la reproduction tient une place importante dans la vie des animaux : on peut observer de près la parade nuptiale, l'accouplement, la ponte et la croissance des jeunes ;
- les observations sont plus fiables, car un unique individu peut être atypique ;
- un groupe offre plus d'occasions de faire des observations intéressantes ;
- les animaux peuvent exprimer leur comportement sexuel.

Les tortues solitaires souffrent rarement de solitude. Mais il nous faudra renoncer à observer le comportement reproducteur intéressant de ces animaux.

Il incombe à chacun de répondre aux deux premiers points - nous verrons plus loin la question de l'espace nécessaire. Comme cela a été décrit au chapitre précédent, les tortues sont relativement indifférentes les unes aux autres en dehors de la saison des amours - et même pendant toute l'année pour les femelles et les jeunes. On n'a jamais constaté l'existence de couples stables, et les individus d'une même espèce ne se rassemblent que pendant la saison de repos, quand ils hibernent ou s'abritent des intempéries à l'intérieur d'une même cachette. Certains ont cru constater - probablement dans l'ignorance des recherches de terrain - une meilleure santé psychique et un meilleur appétit chez les animaux vivant en groupe. Mais cela n'a pas été scientifiquement prouvé: ce point de vue semble plutôt issu de l'approche anthropocentrique et affective de certains amis des animaux.

Élever dans le même enclos des tortues d'espèces différentes aux besoins similaires permet de comparer leurs comportements. Mais les animaux risquent de se transmettre des maladies propres à chaque espèce. Celles-ci ne peuvent être neutralisées que si les animaux sont l'objet d'un suivi médical et vivent dans des enclos extérieurs de grande taille. En outre, on peut craindre une hybridation des différentes espèces ou sous-espèces.

Si vous souhaitez élever un grand groupe de tortues, il vous faudra - si vous commencez avec des jeunes - acquérir des animaux nés de parents différents. Le mieux est de les acquérir auprès de différents éleveurs afin d'éviter les problèmes de consanguinité.

Enclos et observation

Un enclos correct, comprenant un parcours extérieur, doit être réfléchi à l'avance. Dès la conception, il faut tenir compte des fonctions et de la climatisation nécessaires au bien-être et à la protection des animaux. Il faut également s'assurer que l'abri sera conforme aux prescriptions architecturales locales. Même si l'on ne souhaite pas bouleverser sa maison et son jardin, il faut au moins être mesure d'offrir des conditions de vie correctes aux animaux (espace, lieu d'hibernation), afin d'éviter les traitements rudes décrits aux pages 69-70. Si vous ne pensez pas être en mesure de proposer de bonne conditions à vos tortues, il sera sage de reconsidérer votre achat. C'est pourquoi la question du logement doit être envisagée avant d'acquérir des animaux.

L'importance d'une planification préalable est souvent sous-estimée, ne serait-ce que parce qu'il est difficile d'imaginer à l'avance ce qui nous attend. Lorsque nous faisons des plans pour nous, l'exercice est facile : espaces, fonctions et disposition doivent correspondre à nos besoins, à nos souhaits et à notre taille. Mais en faisant les plans d'un logement destiné à des animaux, nous devons prendre en compte les exigences et les proportions de créatures différentes de nous. Et ce n'est pas tout. Il faut également pouvoir observer les animaux dans de bonnes conditions. Il ne faut pas être obligé de ramper sur le ventre pour pénétrer dans l'abri ou de se contorsionner pour prendre des photos. L'abri ne doit pas être difficile à nettoyer et à entretenir. Une bonne planification économise bien des difficultés ultérieures. Le débutant doit apprendre à connaître ses possibilités et ses limites, et les tortues doivent s'habituer à lui. Le plus sûr est de construire un abri temporaire pour une année, puis, sûr de l'expérience acquise, de construire le logement définitif.

Le bon enclos

Il va de soi qu'on ne peut pas offrir aux tortues les mêmes conditions de vie - en quantité comme en qualité - que dans leur milieu naturel. Comme nous l'avons vu aux pages 37-41, divers facteurs conditionnent la vie des tortues au cours de l'année. Les plus importantes sont la température, la chaleur solaire, la lumière et l'humidité de l'air et du sol. Il faut donc comparer les conditions de vie dans la nature de l'espèce concernée avec celles que l'on peut offrir chez soi, et apporter les corrections nécessaires selon l'endroit et la saison. La vie d'une Tortue d'Hermann ne sera pas la même dans une maison sicilienne et dans un jardin normand. Les conseils qui suivent valent pour les espèces les plus faciles à élever, qui proviennent du Bassin méditerranéen.

Situation et clôture

La plupart du temps, les détenteurs de tortues vivent dans des régions plus froides que les pays d'origine des animaux. L'enclos devront donc bénéficier des emplacements les plus favorables de la maison ou du jardin : exposé au soleil, à l'abri du vent et de la pluie. Il faut également pouvoir le surveiller facilement et y accéder sans difficulté.

L'espace habité par un seul ou plusieurs animaux est appelé **territoire**. Ce dernier peut être délimité par des obstacles naturels - rivage, cours d'eau, falaise, rochers - ou par les animaux eux-mêmes. Dans ce cas, l'espace de chaque côté de la frontière peut être de même valeur, mais les animaux ne se risquent pas facilement de l'autre côté, du moins tant qu'ils peuvent satisfaire leurs besoins vitaux sans sortir de leurs territoires. Ce serait beau si, dans nos maisons ou nos jardins, les enclos pouvaient aussi se passer de barrières.

La barrière qui entoure le parcours extérieur doit empêcher les animaux de fuir et doit simuler des obstacles naturels, sans détruire l'harmonie générale du jardin.

Les qualités d'une bonne barrière :

- Les animaux ne doivent pas pouvoir grimper par-dessus ;
- Elle ne doit pas les inciter à escalader ;
- Elle doit être opaque ;
- Elle doit stocker et réflechir la chaleur et protéger du vent ;
- Il faut pouvoir regarder par-dessus et l'enjamber ;
- Elle doit être esthétique.

Matériaux pour barrière à tortues :

Parpaings et plaques en béton, dalles de plâtre, pieux et planches en bois, briques plates, verre armé et autres.

Ce n'est hélas pas possible, pour plusieurs raisons. Les tortues doivent d'abord s'habituer progressivement à leur enclos ; malgré tous nos soins, un enclos ne pourra jamais offrir les mêmes conditions que le milieu naturel (notons que plus l'enclos sera adapté, moins les animaux seront tentés de fuir). Enfin, de l'autre côté des barrières que nous avons érigées, les conditions de vie ne conviennent absolument pas aux tortues.

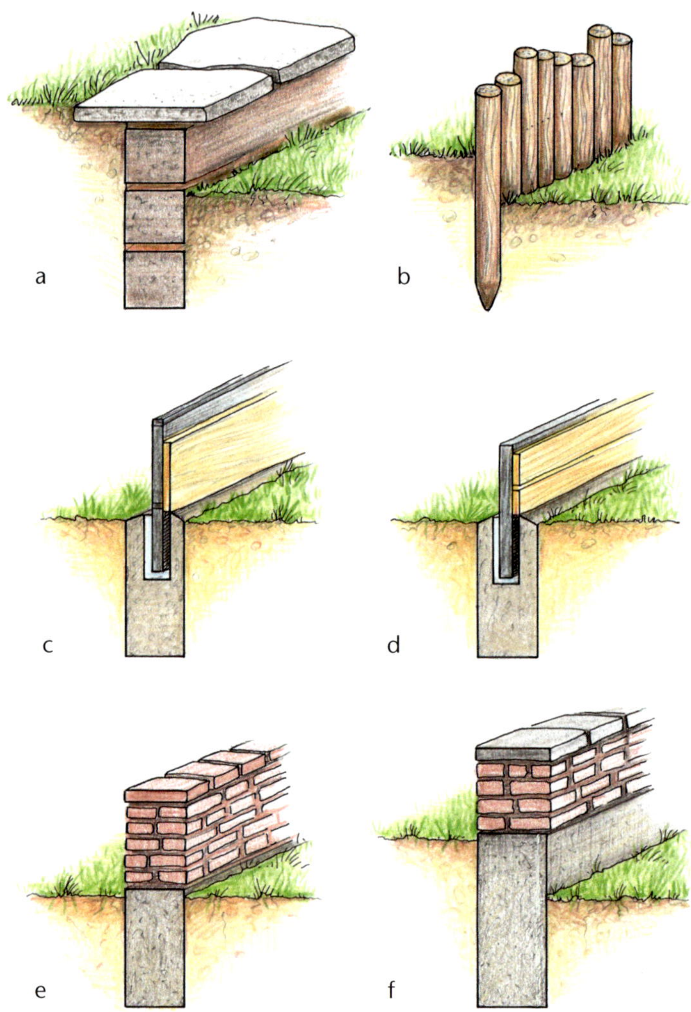

Exemples de barrières à tortues : a) mur de parpaings coiffé de dalles de jardin, b) palissade de pieux traités, c) soubassement en béton sur lequel on peut poser du verre armé ou des briques plates, d) soubassement en béton, avec planches en bois montée sur des tasseaux ; la plus haute est disposée de manière à créer un surplomb rentrant, e) et f) pierres naturelles sur soubassement en béton...

L'expérience des zoos nous a appris qu'un enclos ne doit pas être aussi grand que possible, mais ne doit pas être plus petit que nécessaire.

Il est donc de notre responsabilité d'entourer l'enclos de barrières efficaces.
La **facilité à escalader** une barrière dépend de sa hauteur, de sa largeur et de sa nature. Les tortues ont des pattes antérieures puissantes et peuvent s'agripper à l'aide de leurs griffes aux fissures, aux saillies et aux inégalités. Leur persévérance - et, parfois, l'aide involontaire d'un congénère utilisé comme marche-pied - a plus d'une fois été couronnée de succès.

Dans le cas d'une surface lisse dans sa moitié inférieure, la **hauteur minimale** doit correspondre à 2 ou 3 fois la longueur de la carapace de la plus grosse tortue. On pourra de contenter de 1,5 fois si la barrière est surmontée d'un surplomb rentrant qui diminue le risque d'évasion. Une attention particulière doit être accordée aux coins et aux extrémités de la barrière.

Si l'on est sûr de ne plus changer l'enclos de place, il vaut mieux - sauf dans le Midi - bâtir la barrière sur un soubassement en béton au moins égal à la profondeur atteinte par le gel. Le soubassement aussi empêchera les artistes du creusement, comme la Tortue des steppes, de passer sous l'obstacle. Il faut également protéger vos animaux des chiens, des chats, des fouines, des rats, des souris et des rapaces. Des barrières plus hautes peuvent s'imposer; il peut même être nécessaire de couvrir l'enclos avec du grillage.

Les risques cachés:

- les surfaces rugueuses et le grillage facilitent l'escalade; souvent, les tortues retombent sur le dos;
- les tortues ne perçoivent pas le grillage comme un obstacle et s'obstinent souvent à tenter de le traverser;
- les joints horizontaux, les poteaux plus hauts que la barrière, les clous et les coins aident les tortues à grimper.

Les bonnes idées:

- les murets de pierre ou de béton, qui stockent la chaleur. Les murs ou édifices du côté nord de l'enclos procurent une protection contre le vent et le froid.
- penser aux possibilités d'observation depuis un balcon ou le jardin.

La couleur de fond de la Tortue d'Hermann et de la Tortue mauresque (*Testudo graeca graeca*) peut être entièrement noire à jaune, sans motifs particuliers. La tortue d'Hermann de droite est particulièrement claire.

Dimensions de l'enclos

L'enclos sera le nouveau territoire de vos tortues. Dans la nature, les dimensions du territoire sont déterminées par ses besoins, le climat, le relief, la densité de la population, l'abondance de la nourriture, par la présence de prédateurs et l'existence de refuges. Si l'on veut offrir à un nombre donné de tortues un territoire correspondant à leurs besoins spécifiques, il nous faut préalablement réunir quelques connaissances. Dans les habitats particulièrement favorables, on compte, dans le meilleurs des cas, 50 à 150 individus par hectare (soit 10 000 m^2). On en déduit que chaque tortue a un territoire de 200 m^2, voire 70 m^2 dans les cas extrêmes. Cela correspond à une surface de 10 x 20 m ou 7 x 10 m, en conditions favorables. Dans la pratique, les territoires individuels sont plus grands, car ils se recouvrent assez fortement. Les tortues se déplacent pour se réchauffer ou se refroidir, pour rechercher de la nourriture ou un partenaire, ou encore pour échapper à un prédateur ou à un congénère dominant.

La seule différence avec notre enclos est l'absence de prédateurs; dans le cas d'un élevage de groupe, les autres points sont identiques. La taille de l'enclos dépend donc principalement de nos possibilités et de nos envies:

- Les animaux seront-ils autonomes afin de réduire le nourrissage et la surveillance?

Les espèces suivantes sont à réserver aux personnes expérimentées:
Tortue charbonnière (*Geochelone carbonaria*), Tortue étoilée d'Inde (*G. elegans*), Tortue léopard (*G. pardalis*), Tortue sillonée (*G. sulcata*),
Tortue à tête jaune (*Indotestudo elongata*)
Tortue des steppes (*Testudo horsfieldii*).

- Plusieurs mâles de la même espèces vivront-ils ensemble (sans compter des femelles) ?

Si tels sont nos objectifs, les dimensions de l'enclos doivent se rapprocher de celles d'un territoire naturel, soit environ 100 m², c'est-à-dire la taille d'un jardinet. Dans le Midi, cela ne pose pas de gros problèmes. Mais, plus au nord, il est quasiment impossible d'offrir aux tortues des conditions climatiques correctes sur une surface aussi grande. La surface de l'enclos ne doit donc pas correspondre à un optimum, mais à un minimum souhaitable.

Le plus souvent, les dimensions minimales conseillées avoisinent 1 m² par animal. Ainsi, l'association allemande de terrariophilie donnait, en 1997, les conseils suivants : pour deux tortues, la longueur de l'enclos doit être égale à 8 fois la longueur de la carapace de l'animal le plus grand, et la largeur égale à la moitié de la longueur. Soit, pour une carapace de 15 cm, une surface minimale de 120 x 60 cm = 0, 72 m² (à condition que les animaux ne soient pas deux mâles). Pour quatre tortues, la surface de doit être augmentée de 10 %, soit 0,80 m² (ou 120 x 67 cm). À partir du cinquième animal, augmenter chaque fois la surface de 20 %, soit 0,86 m² (ou 120 x 72 cm).

Pour déterminer la taille minimale des enclos destinés à différentes espèce, plusieurs associations ont édicté des principes généraux et des exigences minimales à respecter. Les résultats sont toutefois loin de concorder.

Toutefois, certaines associations recommandent des valeurs plus généreuses, par exemple en Autriche : pour 1 ou 2 tortues d'Hermann ou mauresques, on conseille une surface de 2 m² ; pour une tortue bordée, la surface conseillée est de 3 m² ; chaque animal supplémentaire nécessite 0,50 à 0,75 m². Ainsi, trois tortues d'Hermann ont besoin de 2 + (3 x O,5) = 3,5 m², soit 350 x 100 cm. Dans tous les cas, si l'on élève plusieurs mâles ensemble, ces chiffres sont beaucoup trop faibles !

Pour un enclos à ciel ouvert, dans le jardin ou sur une terrasse, ces dernières valeurs semblent constituer un minimum acceptable. La question importante est maintenant de savoir si nous voulons héberger nos tortues toute l'année dans un enclos extérieur. Si oui, il faut prévoir un abri avec une lampe à infrarouges et un éclairage artificiel, des zones de repos et un quartier d'hiver.

Si l'on veut effectuer des observations de tortues proches ce l'on observe dans la nature, l'enclos doit être conçu de manière à pouvoir héberger les animaux toute l'année.

L'élevage à l'extérieur devrait être un objectif à terme, car les animaux peuvent se comporter comme dans la nature et on peut faire des observations dignes d'intérêt. En quelque

Outre l'abri à tortues, l'enclos doit comprendre une pente orientée au sud, un lieu de ponte, des lieux ombragés et des cachettes.

sorte, on dispose d'un terrarium à ciel ouvert. Mais si l'on manque de place, on peut se contenter d'installer dehors un abri pour la nuit; pendant les périodes froides et humides, on transporte les tortues dans un terrarium d'intérieur. Dans ce cas, il faut modifier la durée d'éclairement et de chauffage en fonction des saisons; les animaux hiberneront dans une caisse, dans une cave fraîche et humide.

Dans ce cas, il faut trois logements (parcours extérieur, terrarium et caisse), ce qui suppose de perturber les animaux plusieurs fois par an. Il va de soi qu'il faut s'occuper des animaux en permanence. Plusieurs fois par an, ils devront s'habituer à un nouveau logement. Ce système à trois demeures ne peut être qu'une solution d'urgence ou une mesure transitoire pour permettre au soigneur et à ses animaux de faire connaissance. Mais, à terme, dans l'intérêt des tortues, celles-ci devraient être hébergées toute l'année dans un seul et même endroit. La taille de l'enclos sera fixée, suivant nos possibilités, entre la surface optimale et les surfaces minimales mentionnées plus haut: « pas aussi grand que possible, mais pas plus petit que nécessaire ». Outre les besoins des tortues, il faut également prendre en compte les possibilités de créer un climat adapté, la surveillance et l'observation, les coûts de construction et le temps nécessaire à l'alimentation et aux soins, qui ont aussi un coût.

Classement des tortues terrestres en fonction de leurs zones climatiques d'origine

	climat tempéré		climat subtropical		climat tropical	
	été chaud et sec	hiver froid et humide	été chaud et sec	hiver froid et humide	sec toute l'année	chaud et humide
Geochelone carbonaria			X		X	X
G. elegans					X	X
G. pardalis			X	X	X	X
G. sulcata					X	
Indotestudo elongata					X	X
Testudo graeca ibera	X	X	X	X		
T. hermanni boettgeri	X	X				
T. horsfieldii	X	X	X	X		
T. marginata	X	X				

Améliorer le climat

L'Europe occidentale jouit d'un climat océanique tempéré humide. Dans cette partie du monde (hors régions méditerranéennes), il n'existe pas de populations naturelles de tortues. Les espèces susceptibles d'être élevées vivent dans les zones climatiques précisées - de manière simplifiée - dans le tableau page précédente.

Sous nos climats, il est préférable d'adopter l'une des espèces suivantes : Tortue d'Hermann orientale (*Testudo hermannii boettgeri*), Tortue levantine (*T. graeca ibera*) et Tortue bordée (*T. marginata*). Avant tout, il convient de comparer les trois principaux facteurs climatiques - températures, précipitations et durée d'ensoleillement - de leurs régions d'origine avec ceux de la région où l'on vit (voir p. 38). Une comparaison entre **Larisa**, dans le centre de la Grèce, et **Paris** permet d'en souligner l'intérêt (ci-contre).

Sous nos climats, les espèces provenant des régions arides ou tropicales ne peuvent vivre à l'extérieur que pendant les mois les plus chauds. Les espèces de climat humide percevront

Au **printemps**, en Grèce, les températures sont 5 à 8 °C plus élevées qu'à Paris, il pleut 10 à 40 mm de moins (soit 20 à 60 % en moins) et le soleil brille 50 à 100 h de plus par mois, soit 35 à 50 % de plus que dans le Bassin parisien, ce qui équivaut à 1,7-3,3 h de soleil en plus chaque jour.
Mesures à prendre en climat tempéré : augmenter la température dans l'abri, protéger les animaux de la pluie. Ne pas laisser les tortues hiberner dehors, sinon elles se réveilleraient trop tard.

En **été**, les températures en Grèce sont supérieures de de 7 à 9 °C, il pleut 40 à 55 mm de moins (soit 80 à 90 % de moins) et le soleil brille 120 h de plus par mois (soit 50 % de plus), soit 4h de plus par jour.
Mesures à prendre : comme au printemps.

En **automne**, la Grèce est plus chaude de 8 °C environ, il pleut à peu près autant qu'à Paris et le soleil brille 85 h de plus par mois (2,8 h de plus par jour, soit 60 à 150 % de plus).
Mesures à prendre : augmenter la température de l'abri. Ne pas laisser les tortues hiberner dehors, car elles s'enfouiraient trop tôt.

En **hiver**, les différences climatiques n'ont que peu d'importance sur les tortues hibernant sous terre.

Le plan, les matériaux, la taille et l'équipement de l'abri à tortues varient selon que les animaux doivent y vivre toute l'année, ou seulement à la mauvaise saison.

Notre été est perçu comme la saison humide par les tortues des régions tropicales sèches, et comme la saison sèche par celles des régions tropicales humides.

Plus l'abri est petit, et plus le risque d'hyperthermie est grand pendant les journées ensoleillées. En construisant un terrarium extérieur couvert de vitres transparentes, on résout deux problèmes d'un coup : on limite l'élévation de température et les tortues sont à l'abri de la pluie.

notre été comme la saison sèche, et les espèces de climat aride le percevront comme la saison des pluies. Mais, pendant la plus grande partie de l'année, nous devrons les garder dans des espaces fermés et chauffés, serres, jardins d'hiver ou grands terrariums. En intérieur, il faudra « imiter » la saison sèche et la saison des pluies, mais aussi fournir la chaleur et l'éclairement nécessaires, et le substrat devra rester chaud et humide. Cela nécessite souvent des dispositifs techniques qui, à leur tour, impliquent des dépenses, des réglages réguliers et de l'entretien. Pour finir, il y a souvent beaucoup moins de place dans la maison pour un abri à tortues.

Augmenter la température au jardin : Beaucoup de jardiniers y parviennent à l'aide de « terrariums pour plantes », qu'il s'agisse de tunnels ou de châssis en plastique ou en verre. Comme dans une serre, une véranda ou un jardin d'hiver, le jardinier met à profit la propriété de la lumière solaire visible de traverser les sur-

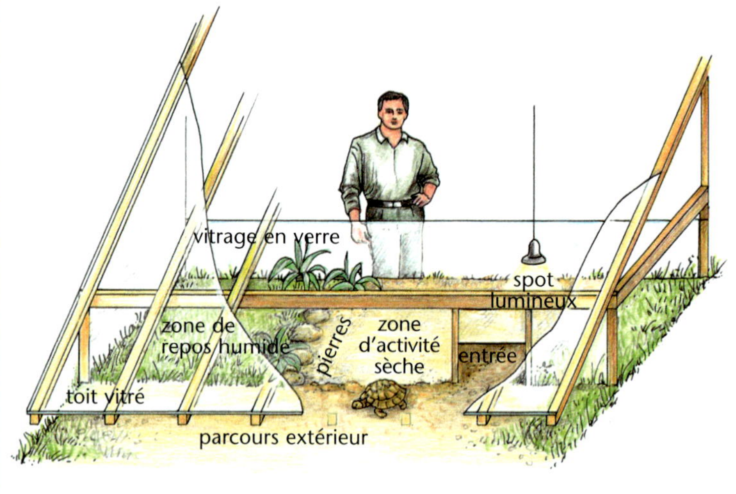

Plan d'un abri à tortues idéal (vu en coupe p. 63 et plan au sol p. 68).

Vue en coupe d'un abri à tortues avec parcours extérieur et couloir de service (plan au sol p. 68).

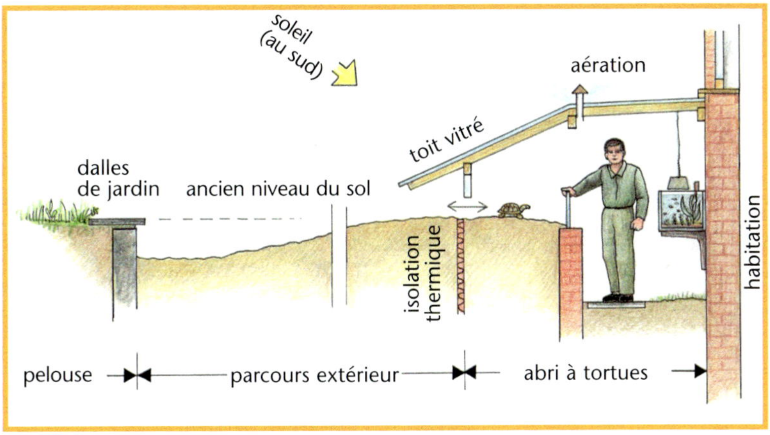

faces transparentes et de pénétrer dans des espaces où son énergie sera absorbée par divers matériaux ou éléments (parois, sols, etc.). Il en résulte une élévation de la température de l'air et des éléments. La chaleur réfléchie sous forme de rayonnement infrarouge est en revanche retenue par le verre ou le plastique et ne peut plus s'échapper : c'est l'effet de serre.

Si seule une partie de la surface est recouverte d'un matériau transparent, on la divise en **zone de repos** humide et en **zone d'activité** sèche. Cette dernière doit être suffisamment grande - environ la surface d'un terrarium de salon - pour que les animaux puissent se déplacer un peu.

La zone sèche est équipée d'une lampe lumineuse, par exemple une lampe à vapeur de métal ou une lampe à réflecteur. Ainsi, la troisième condition est remplie : une source de rayonnement chaud supplémentaire. Afin que la température intérieure ne s'élève pas trop, il est important de prévoir une aération refermable ou une ventilation mécanique (éventuellement équipée d'un thermostat). Pour les espèces européennes, un sol chauffant n'est pas nécessaire. Dans l'environnement naturel de ces tortues, la chaleur vient essentiellement d'en haut.

L'**entrée** entre l'abri et le parcours extérieur sera orienté vers le sud. Ses dimensions doivent permettent à deux tortues au plus d'entrer de front. À la mi-saison, on la couvrira d'un rideau ouvrant en plastique, qui servira à obturer l'entrée en hiver et pourra être retiré

Dans ce grand abri à tortues, dans lequel les humains peuvent circuler, les tortues sont observables à hauteur de la taille. Cette disposition facilite les soins et l'observation.

La barrière qui sépare l'enclos de ce jardin est constituée d'un mur de parpaings de 30 cm de haut, surmonté de dalles de pierre surplombantes.

en été. Le toit de la serre doit posséder une avancée de 30 à 50 cm, afin de créer vers l'extérieur une zone de transition semi-aride et abritée de la pluie.

Sol, plantes, aménagements

Dans les régions tempérées océaniques et continentales, la terre est détrempée après des pluies régulières et la végétation reste humide longtemps. Si l'on s'assied sur une pelouse quelques heures après la pluie, on éprouve une sensation de fraîcheur due à l'évaporation de l'eau. Dans les régions méditerranéennes - d'où proviennent les tortues européennes -, le sol est rarement trempé après la pluie et se réchauffe au premier rayon de soleil. En effet, il y pleut moins souvent et le sol y est plus drainant - du moins dans les milieux où vivent les tortues. Or, les tortues ne recherchent les sols humides que pendant les mois les plus chauds. Dans le parcours extérieur de nos enclos à tortues, il faut donc créer un sol drainant.

Pour cela, le sol sera constitué de terre délitée, de sable, de graviers et de pierres, formant une couche de 30 cm d'épaisseur. Une zone plus sèche sera créée sur un talus orientée au sud; celui-ci contiendra une proportion plus élevée de sable et de pierres. Les rayons solaires frappent la surface à angle droit et la pluie ruisselle sans pénétrer en profondeur. C'est là que les tortues se réchaufferont au soleil le

En haut à gauche : Les taches sombres du plastron, aux contours nets, identifient la forme nord-africaine de la Tortue mauresque (*Testudo graeca graeca*), dont l'élevage est beaucoup plus délicat.

En haut à droite : La Tortue d'Hermann occidentale (*Testudo hermanni hermanni*) se différencie de la Tortue d'Hermann orientale (*T. h. boettgeri*) par les bandes nettement séparées de son plastron.

matin et le soir, quand le soleil est moins chaud. C'est aussi là que les femelles pondront leurs œufs.

Les zones les plus sèches seront plantées d'une **végétation** clairsemée et basse. Les plantes nourricières seront installées dans les creux humides. Ce paysage à caractère méditerranéen sera complété par des graminées sèches et des genêts, des genévriers, des agaves, de la lavande, de la menthe, des euphorbes, des hélianthèmes, des cistes, du thym ou des coronilles. Les tortues balkaniques vivent généralement dans des maquis souvent dépourvus d'arbres, où l'essentiel des plantes sont des arbrisseaux à feuilles coriaces, plus ou moins denses. Dans notre enclos, les plantes trop denses devront être taillées ou éclaircies en été, afin d'exposer une surface suffisante du sol au soleil...

Le paysage est complété par des **pierriers**, des **racines** ou des **souches mortes**. Ces derniers ne sont pas seulement ornementaux, mais procurent l'ombre indispensable et permettent aux tortues de se dissimuler à la vue de congénères plus forts, ou encore de s'isoler au calme.

Les **tortues méditerranéennes** ont parfois des préférences différentes : la Tortue d'Hermann orientale vit sur des sols plus humides que la Tortue levantine, que l'on rencontre souvent jusque dans les dunes de sable. La Tortue bordée fréquente volontiers les pentes escarpées et rocheuses, parsemées de buissons épineux. Sa carapace sombre nous apprend qu'elle recherche volontiers la chaleur du soleil. Le sol de son abri peut avoir la même composition que le sol du parcours extérieur, ou contenir une proportion plus grande de terre (car il ne pleut pas à l'intérieur).

Les **tortues steppiques** et **tropicales** ont besoin d'un chauffage par le sol - sur la moitié de la surface au plus - ou

Pour protéger les tortues des souris et des rats pendant l'hibernation, on installe un grillage à une profondeur de 30 à 50 cm.

de pierres chauffantes pour passer les périodes froides ou pluvieuses. À défaut, il faudra souvent les rentrer dans un terrarium d'intérieur, où elles devront passer une grande partie de l'année.

Pour s'abriter de la chaleur de la mi-journée, passer la nuit au chaud ou hiberner, les animaux trouvent refuge dans la zone de repos humide de la serre. Dans la nature, les tortues recherchent généralement des creux sous les arbustes ou des terriers. Le soleil n'y pénètre pas, la terre ne s'assèche pas complètement, car les débris de plantes en décomposition la protègent de l'évaporation. Comment recréer un tel microclimat ?

Le sol de cette zone consiste de terreau forestier mélangé de sable, profond de 30 cm au moins. L'humidité augmente légèrement avec la profondeur. Comme le toit opaque de cette partie de l'abri ne laisse pas passer la pluie, il faut arroser le sol de temps à autre, en fonction de l'humidité ambiante. Pour finir, on recouvre la terre de feuilles mortes, de paille, de foin ou de plantes sèches. Pour éviter que les tortues ne dispersent ces matériaux, on peut donner au sol une forme de cuvette. À partir de fin novembre environ, on recouvre le sol de 30 cm de feuilles mortes pendant toute la durée de l'hibernation.

Pour les espèces européennes et la Tortue des steppes, il suffit de maintenir la température de l'abri à l'abri du gel.

L'abri protège les tortues des intempéries et des éventuels prédateurs. Dans un enclos d'été, un abri simple et petit suffit. Si l'enclos est habité toute l'année, l'abri doit répondre à des exigences plus grandes.

Soins, maintenance et observation

Pour exprimer un comportement proche de la nature, les tortues terrestres doivent bénéficier de conditions correspondantes : climat, espace et nourriture. Les deux premiers ont été traités dans les pages précédentes. Un enclos adapté aux quatre espèces d'Europe méridionale et du Caucase doit comporter un parcours à ciel ouvert et un abri chauffé de manière passive. Les animaux bénéficieront toute l'année de conditions favorables.

Une serre peut être chauffée passivement. Ainsi, la chaleur ne provient pas de systèmes de chauffage actif - par exemple des capteurs photovoltaïques. Cela procure plusieurs avantages :

- Une fois habitués à l'enclos, les animaux ne doivent plus

changer de territoire (comme dans la nature). ;
- Ils peuvent chercher l'endroit qui leur convient le mieux, selon le temps qu'il fait (comme dans la nature) ;
- Dans un grand enclos peu peuplé, ils couvrent leurs besoins eux-mêmes (comme dans la nature).

Les **soins** consistent essentiellement à leur fournir de la **nourriture** en quantités modérées. La surveillance se limite à vérifier le bon état de la clôture, à tailler les plantes en été et à **mesurer** et à **peser** régulièrement les animaux. On en profite pour rechercher d'éventuelles blessures et pour évaluer leur **état général**. Si le sol est granuleux, nul besoin de manucure ; si la nourriture est correctement choisie, pas besoin de limer le bec. Il est déconseillé d'enduire la carapace d'huile ou de graisse, car cela bouche les pores dont elle est percée. La nature ignore ce genre de « soins ».

De même, la nature est rarement équipée de récipients, on y trouve plus souvent des flaques d'eau. Dans les régions tropicales, les tortues couvrent leurs besoins en eau en mangeant ou en buvant la rosée matinale. L'eau dans les récipients augmente le risque de transmission de maladies ; il faut les désinfecter régulièrement. Si vous en avez la possibilité, un **bassin** aux rives en pente douce, plantée de végétaux aquatique, est préférable et apporte un ornement supplémentaire au jardin.

Dans la nature, quand l'eau vient à manquer, les tortues limitent les pertes d'eau à travers la peau ou via leurs excréments. En captivité, maintenir l'équilibre entre apports et pertes d'eau n'est pas évident. Il est plus sûr de placer un récipient rempli d'eau dans l'enclos ou de baigner occasionnellement les tortues - en particulier les jeunes.

Plus l'enclos est petit par rapport aux nombre de tortues, plus cela demandera de travail. Les plantes sont dévorées par les animaux et ne repoussent pas assez vite. Il faut donc nourrir les tortues quotidiennement. Les mesures hygiéniques vont maintenant bien au-delà du nettoyage du récipient d'eau. Il faut nettoyer et désinfecter la mangeoire, enlever les excréments et les restes d'aliments et renouveler le substrat partiellement ou entièrement.

> Un investissement plus cher mais bien pensé économise ensuite du temps de travail et des dépenses de fonctionnement.

Les terrariums secs demandent un peu moins de travail. Les restes de nourriture et les excréments se dessèchent plus

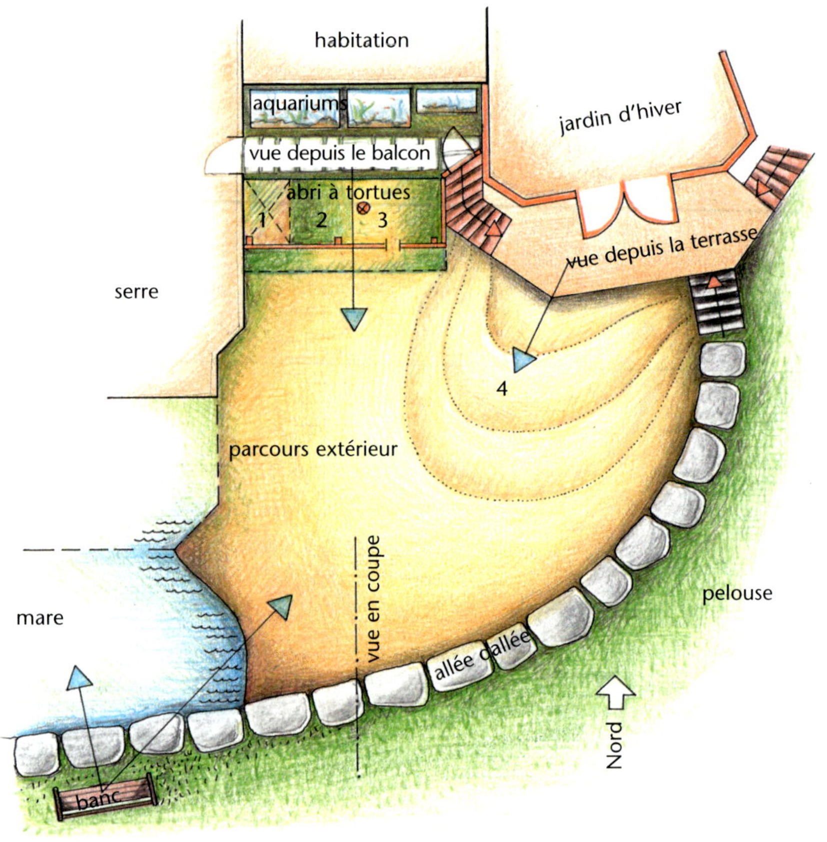

Plan de base d'un enclos à tortues idéal :
1. zone de repos ;
2. zone sèche ;
3. lampe chauffante ;
4. talus orienté au sud et à l'ouest. Vue en coupe p. 63

vite, réduisant le risque d'infection et facilitant le ramassage.

Enfin, il faut compter avec la **maintenance** et l'**entretien** des installations électriques.

Pour finir, toute personne qui garde des animaux chez soi doit se donner les moyens, suivant ses centres d'intérêt et son temps libre, d'observer la vie de ses protégés de manière détendue et confortable. Un jour où je me trouvais chez Konrad Lorenz, le célèbre spécialiste du comportement animal et prix Nobel de biologie, nous étions assis dans une petite pièce, devant la grande vitre de son aquarium tropical de plus de 30 m^3. L'ameublement de la pièce se limitait à deux fauteuils profonds. La pièce était indirectement éclairée par l'aquarium. Pendant des heures, nous cherchions à interpréter le comportement des poissons. Sans arrêt, Lorenz prenait des notes dans son carnet.

Outre le temps nécessaire aux différentes tâches, il faut aussi trouver le temps pour observer et, pourquoi pas, pour prendre des notes, afin de maintenir vivace notre intérêt pour les animaux.

L'hibernation

L'hibernation est une phase de repos physiologique conditionnée par le climat et le manque de nourriture.

Vos tortues ont-elles besoin d'hiberner et, si oui, lesquelles ? La nature et un atlas climatique se chargeront de fournir la réponse. Dans le nord du Bassin méditerranéen et dans le Caucase, le froid et les plantes tuées par le gel ne permettent pas au tortues de satisfaire à leurs exigences vitales. Leur seul moyen de survivre est de s'enterrer à une **profondeur hors gel, entre 2 et 8 °C**, dans un sol suffisamment humide, et d'attendre des temps meilleurs en léthargie, en consommant le moins d'énergie possible grâce à un métabolisme ralenti. Tous les animaux à « sang froid » y sont contraints, quels que soient leur âge et leur taille. Pendant cette période, ils peuvent perdre 2 à 5 % de leur poids (10 % maximum).

En élevant les tortues toute l'année dans un enclos extérieur équipé d'un abri, elles ont le temps de se préparer à l'hibernation, comme dans la nature. Malgré l'alternance de journées chaudes et froides, la température moyenne diminue progressivement. Les jours raccourcissent, la durée d'éclairement diminue. Dans la nature, les animaux ne se baignent pas pour vider leurs intestins ; l'eau tiède rend les animaux plus actifs et ceux-ci consomment leurs réserves énergétiques. Pour le bien-être des animaux et pour l'intérêt de nos observations, il est préférable de laisser leur instinct décider du moment où ils s'enfouiront.

Si vous élevez un groupe de tortues, il est avisé de disposer d'un enclos supplémentaire qui permettra de séparer des animaux agressifs. Cet enclos servira aussi de quarantaine pour les nouveaux-venus et pour les malades.

Rentrer les tortues en octobre, dès que la température extérieure ne dépasse pas 10 °C et que le temps et pluvieux, les nourrir copieusement à 25 °C, puis à les installer brutalement en novembre dans à la cave à 10 °C - un choc thermique de 15 °C ! - est contre-indiqué pour la santé physique et psychique des tortues. Ainsi maltraitées, les tortues cherchent souvent à sortir de la caisse avec l'estomac plein, car elles n'ont pas eu la possibilité d'adapter leur rythme d'activité à l'hibernation. Si l'on ne peut vraiment pas faire autrement, il faut au moins baigner plusieurs fois les ani-

Les pointes et les rainures profondes entre les plaques de la dossière de cette tortue indique de grossières erreurs de nourrissages et d'élevage. Ce genre de défaut de croissance est irréversible.

maux dans de l'eau tiède et les sécher juste après, afin de leur vider les intestins. Ce point est à considérer avant l'achat d'une tortue.

Une hibernation incomplète, par exemple à 15 °C dans une chambre, est toujours fatale. À cette température, le corps consomme trop d'énergie et d'eau. Les animaux affaiblis ou malades doivent être gardés à température d'activité ; on ne les laissera hiberner sur une période plus courte qu'une fois la guérison obtenue.

Si l'on ne peut pas bâtir d'abri ayant un sol suffisamment profond, il ne reste que la caisse à la cave. Celle-ci, protégée des rongeurs, contiendra le même substrat à la même température que dans un abri à tortues. La caisse est placée dans une pièce fraîche et humide ; la température doit permettre de conserver son humidité au substrat, qui ne doit être ni trempé, ni desséché. Des contrôles hebdomadaires sont conseillés.

Dans une serre, les tortues sont réveillées par l'augmentation progressive de la température. À la cave, il faut déplacer la caisse dans un lieu clair et ouvrir une fenêtre, afin que l'air printanier réveille peu à peu les occupantes. Dans tous les cas, évitez de réveiller brutalement les tortues.

Une fois le **réveil** accompli, on commence par peser les animaux, afin de mesurer le poids perdu depuis l'automne. Les pertes excessives, dues à des températures d'hibernation

Il ne faut jamais faire hiberner un si grand nombre de tortue dans une même caisse. Les individus agités dérangent les autres et tous dépensent trop d'énergie et de réserves.

trop élevées ou à une humidité insuffisante, seront compensées par des bains d'eau chaude additionnée de 2 à 5 g de sel de table par litre. Pendant ces bains, la tortue absorbe de l'eau par la gueule, le cloaque et la peau. La température de l'eau doit être de 30 °C environ et le corps doit être partiellement plongé dans l'eau (la tortue doit pouvoir respirer en sortant la tête). Au bout de 15 à 30 mn, la tortue doit pouvoir se sécher au soleil ou sous une lampe.

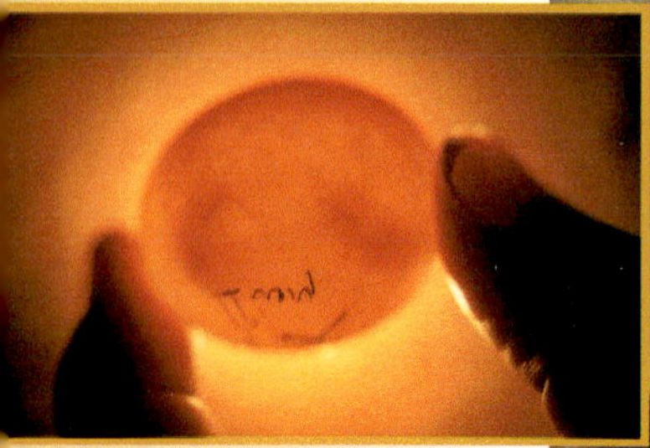

Alimentation, santé et reproduction

Seuls des animaux en bonne santé ont bel apparence et expriment leurs comportements naturels. De même que leur espace de vie doit être aussi proche que possible de leur environnement naturel, une nourriture correcte, qui doit apporter l'énergie et l'eau nécessaires, est indispensable à la santé de nos protégées.

Une alimentation correcte

Au lieu de dents, les tortues possèdent des étuis cornés. Ceux-ci peuvent être lisses, dentelées ou munis d'excroissances recourbées, qui permettent aux espèces carnassières de maintenir et de dépecer leurs proies, aux herbivores de déchirer les plantes. Les tortues herbivores ont généralement les mâchoires dentelées. Comme elles n'ont pas de lèvres mobiles, les tortues doivent plonger la tête dans l'eau pour boire : l'eau doit donc être suffisamment profonde. Les mouvements d'aspiration sont bien visibles au niveau du cou.

Les tortues mordent dans les gros aliments ou tentent de les déchirer en s'aidant des griffes et des pattes antérieures puissantes. Les morceaux ne sont pas mâchés, mais écrasés dans le gosier et abondamment enduits de salive pour faciliter la déglutition, à laquelle participe la langue épaisse.

Les tortues doivent pouvoir manger des fruits frais de temps à autre.

Les tortues des régions arides sont principalement végétariennes, les espèces tropicales se nourrissent de fruits et de proies animales.

Dans leur milieu naturel, les espèces du genre *Testudo*, qui vivent dans le Bassin méditerranéen et dans le Caucase, se nourrissent de 40 à 50 espèces végétales différentes, sous forme variable selon la saison. Au printemps, les jeunes pousses et les fleurs sont très protéiques et pauvres en fibres. À mesure que l'été approche, les plantes croissent : elles contiennent moins d'eau et de protéines, mais plus de fibres, et le rapport calcium/phospore se modifie en faveur du calcium. Les plantes consommées à cette période sont des fleurs et des plantes de prairies, ainsi que des Légumineuses et des feuilles d'arbrisseaux et de grandes vivaces.

En automne, les tortues se gavent de poires, de figues, de baies de troène et de mûres. Elles ont plus rarement l'occasion de capturer des vers, des escargots, des insectes, des araignées et autres animaux du sol, mais elles le font volontiers. Enfin, il leur arrive

Les aliments non naturels - pâtes, riz, aliments pour chiens et chats (et particulièrement ceux en boîtes) - sont totalement inadaptés aux tortues. La nourriture en boîte est trop riche en protéines. On ne doit l'utiliser que comme complément occasionnel, mais il est préférable de s'en passer. Après avoir ingéré longtemps une alimentation trop riche en protéines, plus difficile à digérer, les tortues ne parviennent plus à excréter l'excédent d'acide urique - issu de la dégradation des protéines. Cela provoque un dysfonctionnement rénal et des dépôts d'acide urique au niveau des articulations, déclencheurs de rhumatismes.

souvent de manger des crottes de mammifères, comme les chèvres ou les moutons.

Pour digérer, les tortues herbivores ont besoin d'une température corporelle plus élevée que les carnivores, soit plus de 30 °C. La dégradation et l'absorption des matières végétales dans le tube digestif nécessite beaucoup de travail et d'énergie. C'est pourquoi le tube digestif des herbivores est beaucoup plus long que celui des carnivores. Les herbivores mangent moins mais plus souvent, et la digestion dure plus longtemps - deux bonnes semaines chez les tortues terrestres.

Alimentation végétale

Les tortues terrestres préfèrent les aliments naturels. Il est donc préférable de favoriser ou de semer dans la pelouse les **plantes sauvages** dont elles ont besoin, ou de les cueillir si les tortues vivent à l'intérieur.

Les salades provenant de maraîchages intensifs sont à éviter, car elles subissent divers traitements par des pesticides. Choisissez de préference des salades de culture biologique. D'une manière générale, la plupart des légumes et des fruits contiennent trop d'eau et leur ingestion trop fréquente provoque des diarrhées parfois fatales. Ils sont donc à limiter. La chicorée, l'épinard et l'oseille sont encore moins conseillées, car elles contiennent trop d'acide oxalique. Quant aux produits laitiers, il sont à proscrire. De même, les tortues nourries de pain trempé dans du lait y prennent goût et ne mangent rien d'autre, ce qui entraîne de graves carences.

Les plantes sauvages cueillies à l'écart des routes passantes ou que l'on cultive soi-même sont beaucoup plus appropriées. Celles qui conviennent le mieux sont le cresson, le pissenlit, l'amaranthe, la chicorée sauvage, la mauve, l'ortie, le sainfoin et les différents trèfles (rouge, blanc et violet). Certaines plantes cultivées (sans traitements!) feront aussi l'affaire (feuilles de betteraves, feuilles de choux, endives, navets, figues fraîches, luzerne, persil).

Dès la **fin juin**, il faut donner aux tortues des **aliments plus riches en fibres** : plantain, cirses, graminées et opuntias (ou figuiers de Barbarie, que l'on achète en pot). Laisser faner les plantes vertes toute une journée. À mesure que l'été approche, on apporte de plus en plus de foin. Cette façon d'alimenter les tortues, plus naturelle, se traduit par une diminution de la quantité d'eau dans les aliments : il est donc important que les tortues disposent d'un lieu de repos où le sol est frais. À cette époque, les tortues ne doivent pas être hébergées dans un abri sec, au sol couvert de sciure ou de

Les tortues terrestres montrent un penchant pour les pissenlits sauvages.

paille, au risque de se déshydrater. En cas de doute, on peut leur donner la possibilité de se baigner.

Toutes les deux semaines environ, on complète avec des légumes des carottes, des melons et des tomates, **en complément** seulement, car leur rapport calcium/phosphore est trop faible pour en faire un bon aliment principal.

Vitamines, sels minéraux et oligo-éléments

Une alimentation à base de plantes cultivées moins nutritives (surtout si elles ont été stockées longtemps) et d'aliments en boîtes rend nécessaire des compléments de vitamines, de sels minéraux et l'oligo-éléments. Les vitamines ne doivent pas être d'origine synthétique, mais provenir de sources naturelles, car ces dernières contiennent des subtances qui facilitent l'absorption des vitamines par l'organisme. Les os de seiche et les coquilles d'œufs contiennent également des sels minéraux et des oligo-éléments.

Très exceptionnellement, si l'animal souffre de carences, on peut donner du calcium en poudre et des compléments vitaminés. Attention, un excès de calcium peut provoquer des troubles aussi graves qu'une carence. Quant aux compléments vitaminés, ils font courir un risque d'hypervitaminose.

Dans tous les cas, la meilleure alimentation ne suffira pas si les animaux ne sont pas régulièrement exposés aux ultra-violets B (UVB), indispensables pour fabriquer de la vitamine D. Les tortues doivent donc être régulièrement exposées au soleil. À défaut, une lampe à UV installée dans l'abri ou le terrarium compensera le manque de lumière solaire.

Si vous êtes pas en mesure de vérifier, par l'observation directe, que vos tortues sont suffisamment nourries, procédez à des pesages réguliers.

Nourrir ses tortues : combien et quand ?

Dans un **grand enclos**, on ne nourrira ses tortues que de loin en loin, en complément des plantes qui poussent dans le jardin. La recherche de nourriture tient une place importante de la vie des tortues. Manger régulièrement à une heure donnée de la journée entraîne un manque d'exercice et d'entrain. Mais, dans les **petits enclos** et, plus encore, dans les **terrariums**, il y a peu ou pas de végétation. Les animaux doivent donc être nourris par nos soins.

Les tortues peuvent elles aussi souffrir de blessures ou d'inflammations des yeux.

Mieux vaut prévenir que guérir. Des conditions de vie correctes épargnent des dépenses et des déceptions.

Hors préparation à l'hibernation, les tortues doivent manger tous les jours, sans excès : un tortue mange quotidiennement environ 5 à 10 % de son poids, moins si son enclos ne lui permet pas d'exercice physique (terrarium d'intérieur). Dans la pratique, la plupart des tortues captives sont trop nourries : mieux vaut un peu de retenue.

Les plantes sauvages (à la rigueur des plantes cultivées, en remplacement) doivent représenter environ 90 % de la nourriture. Il est préférable de ne pas déposer cette nourriture toujours au même endroit, mais de la répartir dans l'enclos le matin, après le bain de soleil, et en fin d'après-midi. Cela ne pose aucun problème d'hygiène : les restes de végétaux verts se flétrissent mais ne moisissent pas, à condition de les déposer dans des lieux secs, sans les plaquer contre le sol. Les fruits occasionnels seront posés sur des dalles en pierre, que l'on nettoiera ensuite.

Les maladies

Même les tortues sauvages peuvent être porteuses de parasites, qu'il s'agissent de parasites externes comme les tiques et les acariens, ou des parasites internes, généralement intestinaux, comme les vers, les amibes ou les salmonelles.

Dans leur intérêt, les tortues ne doivent pas être retirées durablement de leur enclos, ni être caressées et encore moins servir de peluches vivantes. Les enfants ne doivent pas observer des tortues sans surveillance, car ils ne font toujours pas la différence entre « saisir » et « serrer ». Il faut également penser à la santé de enfants et leur faire prendre l'habitude, ainsi qu'à soi-même, de se laver les mains après chaque contact.

Le meilleur moyen de surveiller la santé de vos tortues est d'**observer régulièrement** leur comportement et leurs excréments. Chaque espèce à ses propres habitudes de comportement, mais chaque tortue a aussi ses places, ses sentiers et ses lieux de repos

À surveiller :

- les **yeux** doivent être clairs, bien ouverts et saillants ; jamais collés, larmoyants, ni rentrés.
- le **museau** doit être propre, la langue rose-rouge. La tortue ne doit pas l'ouvrir pour respirer, il ne doit y avoir ni écume, ni souillure.
- les **narines** doivent être sèches, non obstruées et bien visibles ; jamais bouchées, humides ou souillées de sécrétions nasales.
- les **excréments** doivent être sombres et fermes (crottes) ou blanchâtres et grumeleuses (cristaux d'acide urique) ; jamais molles ou liquides (diarrhée).

Les animaux présentant des symptômes de maladie doivent être séparés des autres, gardés au chaud et baignés souvent.
Si leur état ne s'améliore pas au bout de quelques jours, il faut s'adresser à un vétérinaire compétent.

préférés; au bout de quelque temps, elle manifeste un comportement plus personnel. Au point que le propriétaire peut remarquer le moindre changement de comportement et examiner l'animal sans attendre.

Si des symptômes de maladie apparaissent, l'animal doit être séparé des autres et une attention particulière doit lui être accordée. Il faut notamment augmenter la température et l'humidité de l'air et la température de rayonnement (lampes). On proposera à l'animal sa nourriture préférée et on le baignera dans une eau à 30 °C. Si les symptômes persistent plusieurs jours, il faudra s'adresser à un vétérinaire qui ait l'habitude des tortues.

Les tortues sont susceptibles de souffrir de nombreuses affections qui touchent la carapace, la peau, le système respiratoire ou le système digestif.

En cas d'attaque sévère de parasites, la tortue est apathique, mange très peu et son urine est souvent visqueuse, jaunâtre à verdâtre.

Le **rachitisme**, une **carapace molle** ou des **écailles pyramidales** indiquent une **carence en calcium**; des apports plus fréquents de calcium et une exposition régulière aux UVB pourront corriger le phénomène si l'animal est encore jeune; sinon, il est irréversible.

Une **excroissance cornée** se développe sur le **bec** quand l'animal ne mange que des nourritures tendres; il faut tailler le bec et corriger l'alimentation.

Les **rhinites** sont les maladies les plus fréquentes chez les tortues. Elles se traduisent par des écoulements nasaux, mais pas toujours. Elles sont dues à des causes très variées (courants d'airs, mauvaise hygiène, parasites - voir aussi herpès, un peu plus loin).

Une **anorexie** accompagnée de dépôts blancs sous la langue est le signe de mauvaises condition d'élevage.

Même s'ils paraissent sains, les nouveaux-venus peuvent aussi être porteurs de **virus**. Le virus de l'**herpès** est particulièrement dangereux; depuis quelques temps, il touche même des tortues élevées depuis longtemps par le même propriétaire. Des tortues ayant survécu à la maladie continuent de porter le virus pendant des années et le transmettent à d'autres; elles représentent un danger permanent. Si ces animaux sont affaiblis (maladie, coup de froid, stress, hibernation), ils peuvent rechuter. Le virus de l'herpès est identifié par des analyses sanguines, mais la maladie est actuellement incurable. Il est donc conseillé de soumettre les nouveaux-

Les excréments permettent de constater si la tortue a des problèmes de digestion.

venus à une **quarantaine** de 6 mois à 1 an, pendant laquelle ils seront continuellement contrôlés. Les manifestations typiques mais pas toujours évidentes de la maladie sont des yeux rouges et des dépôts de pus blanc-jaunâtre sur le museau. Les animaux ont des difficultés de déglutition et sont peu actifs, le nez est humide. Dans tous les cas, une tortue qui s'attarde sous un soleil ardent n'est pas bon signe.

Pour que les tortues aient un comportement le plus naturel possible, il faut interférer le moins possible. Les nourrir à des heures et dans un lieu précis, voire les nourrir à la main ou à la cuillère, entraîne une domestication progressive.

Les parasites

Les **nouveaux-venus** représentent le plus gros risque de transmission de maladies ou de parasites. Le risque est moindre si la tortue a été acquise auprès d'un éleveur. Mais les tortues achetées en animaleries ont déjà été déplacées et soumises à divers stress. Cela concerne tout particulièrement les animaux d'importation capturés dans la nature. Alors que des tortues sauvages ou correctement élevées parviennent à contenir leurs parasites, les animaux affaiblis n'y parviennent plus et les parasites prennent le dessus. Les oxyures, les ascarides (jusqu'à 10 cm de long) ou les Hexamita se nourrissent aux dépens de leur hôte, auxquels ils soustraient une grande quantité de nutriments pour se multiplier rapidement. Les tiques sont faciles à repérer à la base des pattes et du cou. Il ne faut pas les arracher, sinon le rostre reste fiché dans la peau, ce qui augmente le risque d'infection ; un traitement local est nécessaire.

Une forte attaque parasitaire peut être mortelle, et les parasites peuvent infester d'autres tortues : il faut donc séparer l'animal des autres et faire intervenir rapidement un vétérinaire.

Pour savoir si vos tortues sont dépourvues de parasites internes ou s'il faut les soigner, il faut faire pratiquer des analyses fécales régulières. Pour que le traitement réussisse, les animaux doivent avoir atteint leur température d'activité. Il faut donc l'administrer en été, jamais en automne avant l'hibernation, ni au printemps quand les œufs se développent.

À contre-jour, à l'aide d'un mire-œuf, on constate que cet œuf contient des jumeaux. Voir aussi la photo de la p. 88.

La ponte

Les années où les températures printanières sont supérieures à la moyenne, de nombreuses personnes appellent pour signaler que leurs tortues ont pondu des œufs et

Entre la ponte et l'éclosion des œufs, il reste un long chemin à parcourir. Mais la ponte en elle-même est un signe que le bien-être des tortues est respecté.

pour savoir que faire. La plupart du temps, les réponses paraissent trop compliquées au téléphone, ou la tâche insurmontable, et ces personnes apportent la ponte, s'enquérant du moment où elles devront revenir la chercher. Soixante ou quatre-vingts jours plus tard, quel n'est pas leur déception d'apprendre que les œufs sont devenus foncés, qu'ils sont plus légers et que, vus à contre-jour, ils n'hébergent aucun occupant. De fait, suivant les conditions, 95 % des œufs ne sont pas fécondés. Comment cela se fait-il ?

En juin tout particulièrement, il faut garder un œil sur les femelles si l'on veut pouvoir observer la ponte et récupérer les œufs juste après.

Comme on l'a vu au troisième chapitre, dans les Balkans et le Caucase, la saison des amours débute juste après le réveil, en avril-mai, et peut se poursuivre jusqu'à l'automne. La fécondation et le développent des œufs dans l'utérus de la femelle, qui dure de 6 à 8 semaines, exigent des températures élevées rarement atteintes au printemps en Europe tempérée, à l'exception du Midi de la France. Résultat, les tortues ne pondent pas ou les œufs ne sont pas fécondés. Les tortues trouveront les températures adéquates dans une serre à tortues. De cette manière, on peut espérer obtenir des pontes régulières et un pourcentage élevé d'œufs fécondés.

Dans de nombreuses régions, on compte dans la nature 3 à 5 mâles pour une femelle. La fécondation et la survie de l'espèce sont ainsi assurées.

Les mâles du genre *Testudo* atteignent leur maturité sexuelle vers 5 ans (longueur de la carapace : 11-13 cm), les femelles vers 10 à 14 ans (longueur de la carapace : 14-16 cm). Les premiers œufs qu'elles pondent, généralement au nombre de 2 ou 3 seulement, sont souvent non fécondés. Les femelles adultes pondent 5 à 10 œufs (18 au maximum) vers la fin mai. Un tiers d'entre elles pondent une seconde fois environ 1 mois plus tard, et environ 5 % pondent une troisième fois en juillet. C'est surtout le cas de la Tortue d'Hermann orientale (*Testudo hermanni boettgeri*) et de la Tortue levantine (*Testudo graeca ibera*). La Tortue bordée (*Testudo marginata*) pond deux fois par an et, la Tortue des steppes (*Testudo horsfieldii*), dans la partie sud de son aire de répartition, pond même trois fois (mais seulement 3-5 œufs chaque fois) ; plus au nord, elle ne pond que deux fois, en avril et en mai.

Cette femelle vient de creuser un trou pour y pondre ses œufs.

La plupart des tortues tropicales pondent plusieurs fois par an, pendant la saison des pluies. En effet, dans les premiers mois qui suivent l'éclosion, les jeunes ont besoin de

végétaux frais et d'aliments protéiques. Pour la survie de l'espèce, cela n'aurait pas de sens que les jeunes naissent à la saison sèche, quand la nourriture se raréfie. Leur bon développement en pâtirait et la mère aurait pondu pour rien.

Quelques jours **avant la ponte**, les femelles cessent pratiquement de se nourrir et tournent en tous sens, flairent le sol et grattent parfois avec les pattes antérieures. Souvent, elles creusent quelques trous pour évaluer le sol, puis les abandonnent. Autre signe indubitable de la ponte approchante, les femelles manifestent un **comportement territorial** soudain. Elles se comportent alors à la manière des mâles, chevauchent des congénères et simulent des accouplements.

Profitant d'une période de beau temps, la femelle creuse le matin, parfois plus tard, un trou de 6 à 10 cm de profondeur (suivant sa taille). Celui-ci est situé sur une pente sablonneuse à végétation clairsemée, orientée au sud ou au sud-est. Elle y pond un œuf toutes les cinq minutes environ, puis recouvre le trou avec la terre déblayée, en s'aidant de ses pattes postérieures. L'opération dure au total 1h30 à 2h30. Puis la femelle épuisée quitte les lieux et se repose à l'ombre. Dans les jours qui suivent, elle se nourrit à nouveau afin de compenser les pertes d'énergie et de nutriments. Le déroulement de la ponte est le même chez toutes les tortues terrestres, seuls varient le nombre d'œufs et le volume de terre à creuser. À un bout de l'échelle, la Tortue de Tornier (*Malacochersus tornieri*), les *Homopus* et la Tortue bosselée (*Psammobates tentorius*) ne pondent qu'un seul œuf; à l'autre extrémité, la Tortue brune de Birmanie (*Manouria emys*) peut pondre jusqu'à 50 œufs à la fois. Les espèces qui pondent peu d'œufs font des œufs plus gros relativement à leur taille.

Une fois les œufs pondus, la femelle les recouvre de terre.

Œufs de gauche à droite : Tortue bordée (*Testudo marginata*); Tortue levantine (*T. graeca ibera*); Tortue d'Hermann (*T. hermannii*).

En moyenne, les œufs de la Tortue d'Hermann sont allongés et mesurent 28-35 mm de long et 21-26 mm de large; ceux de la Tortue levantine sont ovoïdes et mesurent 30-42,5 x 24,5-35 mm; ceux de la Tortue

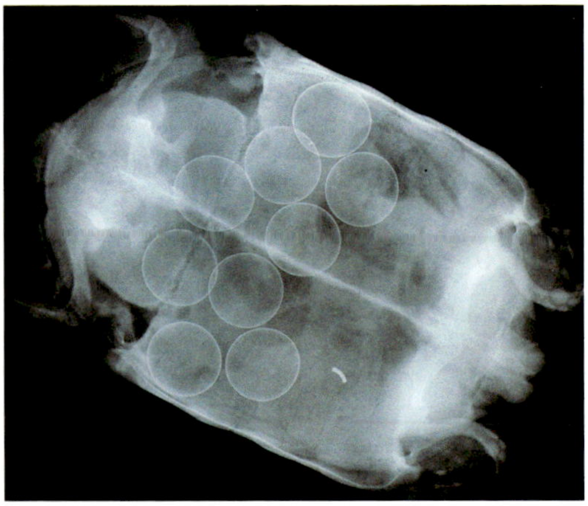

Radiographie montrant les œufs dans le corps de la femelle, peu de temps avant la ponte.

bordée sont presque sphériques et mesurent 31-37 x 27-36 mm. Les femelles de petite taille pondent des œufs plus petits et moins nombreux. En cas de carences alimentaires, de maladie ou de refroidissement, la femelle peut parfois garder ses œufs, dont la coquille continue de s'imprégner de calcium. La femelle risque alors une **rétention d'œufs**. L'animal doit être radiographié par un vétérinaire.

Développement et éclosion

Dans la terre, les œufs sont livrés à eux-mêmes, ainsi qu'à la chaleur et à l'humidité du sol. On ne connaît de soins rudimentaires, en l'occurrence la surveillance du nid, que chez la Tortue brune de Birmanie. Dans la nature, beaucoup d'œufs de tortues sont dévorés par les petits mammifères, les oiseaux, les lézards et les serpents.

En dehors du Midi de la France, il fait généralement trop frais en Europe occidentale pour que les œufs parviennent à éclore dans le sol. Il faut donc les déterrer soigneusement à l'aide d'une cuillère et les marquer aussitôt d'un signe sur le point le plus élever. **Attention à ne pas les retourner** : environ un jour après la ponte, le jaune, plus lourd, se déplace vers le bas, repoussant le blanc et le germe vers le haut. Retourner l'œuf après ce moment provoque la mort du germe. Les œufs sont ensuite déposés dans un récipient, puis on les entoure complètement avec le substrat d'origine, un mélange de terre et de sable.

Les œufs fécondés prennent un coloration blanche, restent lourds et inodores. Les œufs non fécondés prennent une coloration sombre au bout de quelques semaines et perdent du poids.

Les facteurs décisifs pour le développement de l'embryon sont la **température du substrat**, qui dépend de la température ambiante, et son humidité, conditionnée par l'humidité de l'air. Les œufs des tortues de milieux steppiques ou désertiques incubent au sec ; pour les espèces européennes, l'humidité d'un jardin d'hiver garni de plante suffit. Les espèces des régions tropicales humides ont besoin d'une humidité élevée pendant quelques temps ; l'éclosion est inhibée pendant la saison sèche (estivation embryonnaire), elle sera déclenchée par le retour de la saison de pluies.

La température du substrat ne détermine pas seulement la vitesse du développement, mais aussi le sexe des animaux. Les tortues ne possèdent pas de chromosomes sexuels. La **différenciation sexuelle** a lieu à la fin du premier tiers et au début du second tiers de l'incubation. À une température moyenne de 30 °C, celle-ci dure 72 jours chez la Tortue des steppes (*Testudo horsfieldii*), 70 jours chez la Tortue levantine (*Testudo graeca ibera*) et la Tortue bordée (*Testudo marginata*), 65 jours chez la Tortue d'Hermann orientale (*Testudo hermanni boettgeri*). C'est-à-dire que, chez ces espèces, le sexe est déterminé entre le 20e et le 30e jours d'incubation. Si la température du substrat est inférieure à 30 °C, il ne naît que des mâles; à 32 ou 33 °C, les individus sont majoritairement voire exclusivement des femelles; à 31,5°, les sexes sont équilibrés. En dessous de 24 °C et au-dessus de 35 °C, les embryons meurent. À une température constante de 25 °C naissent des jeunes affaiblis. Chez la Tortue mauresque (*Testudo graeca graeca*), il ne naît quasiment que des mâles jusqu'à 30 °C et presqu'exclusivement des femelles à partir de 31 °C.

Les éclosions ont commencé...

Incubation artificielle

Les températures nécessaires à l'incubation ne doivent pas être obtenues à l'aide de lampes à rayonnement ou d'un chauffage par le sol, qui dessècheraient le substrat. Si l'on ne peut pas obtenir ces températures dans une pièce, il faut utiliser un **incubateur**.

On peut l'acheter (une couveuse à œufs de poule peut faire l'affaire, il faut simplement débrancher le système automatique de rotation des œufs) ou le construire soi-même. Le système le plus courant est l'**incubateur à bain-marie**, éventuellement installé dans un ancien réfrigérateur pour atténuer les éventuelles fluctuations de température. On remplit un aquarium de 10 cm d'eau que l'on réchauffe à l'aide d'une résistance pour aquarium. Au-dessus, on dépose le récipient contenant le substrat et les œufs et l'on règle la température en fonction du sexe que l'on souhaite obtenir. L'incubateur est couvert d'une vitre en verre peu épaisse et installé dans une pièce chaude, afin d'éviter que l'eau ne condense sur la vitre et que des gouttes ne retombent sur les œufs. On mesura la température du substrat à l'aide d'un thermomètre. L'incubateur sera placé dans une

Schéma d'un incubateur à bricoler soi-même :
1. eau
2. récipient en terre cuite non vernie
3. substrat
4. air chaud
5. thermomètre
6. résistance électrique

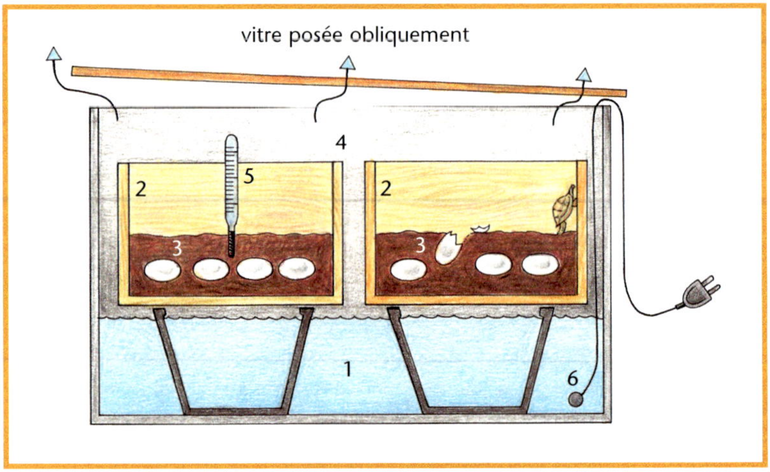

Dans l'intérêt des futures tortues, évitez d'intervenir pendant l'éclosion : il est normal qu'un certain temps (jusqu'à 3 jours) s'écoule entre l'ouverture des œufs et la sortie des tortues.

pièce à température constante (24 °C environ).
Au moment où les œufs sont recueillis dans le substrat, il est important de marquer la face supérieure d'une croix afin de les replacer dans la même position. Les œufs doivent être déposés sans attendre dans l'incubateur.

La **température d'incubation** est réglée en fonction de l'espèce et du ratio mâles-femelles que l'on souhaite ; on la réglera entre 28 et 32 °C, selon les cas. L'**humidité de l'air** dans l'incubateur doit atteindre 70-80 %. Au 55e jour, il est conseillé de brumiser les œufs afin de favoriser l'éclosion.

Un **mire-œuf** (dispositif d'éclairage qui permet d'observer les œufs à contre-jour) vous permettra de savoir si les œufs sont ou non fécondés : un œuf clair devra être éliminé rapidement (risque de pourriture et de contagion). Les œufs fécondés présentent une tâche sombre plus ou moins étendue et ramifiée.

L'éclosion

L'éclosion n'est pas toujours annoncé par de signes avant-coureur visibles. Vers le soixantième jour d'incubation, on vérifie les œufs, jusqu'à ce que l'on constate un mouvement ou une fêlure.

Pour observer l'éclosion, qui dure parfois plusieurs jours, il faut dégager l'œuf à peu près à la moitié de sa hauteur. La jeune tortue déchire d'abord la membrane coquillière avec sa « dent de l'œuf », une excroissance cornée pointue située en dessous des narines, puis brise la coquille avec

La durée de développement de l'embryon est la somme du temps passé dans l'utérus maternel et de la durée d'incubation (après la ponte), soit environ 2 x 2 mois. La durée d'incubation correspond à la durée de séjour dans l'incubateur.

Éclosion d'une jeune tortue levantine. La dent de l'œuf est encore bien visible.

celle-ci et les pattes avant. Elle agrandit ensuite l'ouverture avec sa tête et ses pattes et se retourne dans l'œuf.

Enfin, la coquille est si fendue qu'une ouverture suffisamment grande apparaît ou qu'elle se casse en deux. Souvent, l'animal possède encore un sac vitellin de la taille d'un petit pois - d'une cerise dans le genre *Geochelone* - qui peut gêner les mouvements du nouveau-né. C'est pourquoi celui-ci reste souvent 1 à 3 jours dans la coquille, la tête généralement tournée vers la partie intacte de l'œuf.

Souvent, les jeunes sont couchés de travers dans l'œuf et étirent leur carapace dans les premiers jours. Cela se voit bien chez la Tortue des steppes. Celle-ci pond de gros œufs allongés, à l'intérieur desquels les jeunes sont allongés en travers. Après l'éclosion, la carapace paraît plus large que longue. La tortue peut ainsi plus facilement quitter l'œuf - après que le sac vitellin s'est rétracté dans l'abdomen - et creuser vers la surface du substrat.

Si l'œuf est pondu fin mai, l'éclosion se produit vers début août - en septembre pour les pontes tardives. Les jeunes tortues recherchent un abri, en général un lieu couvert de végétation. Elles y passent tout l'automne et ne s'exposent que de temps à autre au soleil moins chaud du matin et de l'après-midi. Elles se déplacent peu, car cela ne ferait qu'attirer l'attention des prédateurs. Elles ne quittent leur abri que lorsque le temps se rafraîchit, vers le milieu de l'automne, pour retourner sur leur lieu de naissance et s'enfouir dans le sol. À cause de leur mode de vie discret, il est très rare d'observer de jeunes tortues dans la nature.

Élever des bébés tortues

Quelles différences entre élever des jeunes et élever des adultes?

Les jeunes tortues se déplacent peu. la première année, une simple cuvette en plastique ou en bois suffit - les dimensions dépendent du nombre d'animaux: 30 x 60 x 20 cm ou 40 x 80 x 20 cm. Elle doit être légère et facile à passer par les portes, afin d'installer les jeunes sur le balcon ou dans le jardin pour qu'ils profitent des journées ensoleillées.

Terrarium portable pour bébés tortues

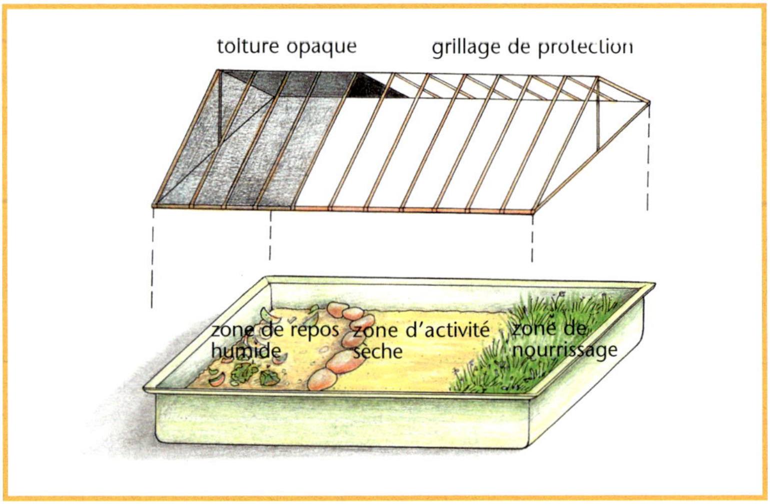

L'humidité

Les jeunes tortues recherchent des micro-milieux humides, s'enfouissent souvent dans le sol et mènent une vie cachée. On déposera donc dans la cuvette un mélange terre-sable, profond de 7 cm environ. Un tiers de la surface servira au repos, un autre aux bains de soleil et le dernier au nourrissage. Dans le premier tiers, le substrat devra être maintenu légèrement humide, notamment la couche inférieure. Avec une alimentation riche en calcium, l'humidité du sol est nécessaire au développement d'une carapace sans irrégularités. Un lit de paille, de foin ou de feuilles retient l'humidité et permet aux animaux de se cacher. Les jeunes sont baignés une ou deux fois par semaine, plus souvent pour les espèces de climat humide ; on peut aussi mettre une cuvette d'eau à leur disposition.

Risques d'hyperthermie

Il n'est pas rare que la température des jeunes tortues augmente de manière excessive (hyperthermie). C'est pourquoi on recouvre la zone de repos de plaques opaques faciles à démonter. L'humidité se conserve mieux, le lieu est constamment ombragé

Protection contre les prédateurs

Plus vulnérables, les jeunes doivent être protégés des chiens, des chats, des fouines, des corneilles et des pies par un grillage amovible qui recouvre les autres parties du terrarium. Les mailles doivent être assez grandes pour permettre l'introduction des aliments végétaux.

Chaleur et alimentation

Les jeunes ont besoins de plus de chaleur et mangent plus. Afin qu'ils aient toujours de la nourriture fraîche à leur disposition, même en notre absence, on peut semer des plantes de prairie dans la zone de nourrissage. Si les tortues sont souvent installées dehors, au soleil du matin et de l'après midi, une lampe à infrarouges suffit. La puissance et la distance de la lampe seront choisies de manière à ce que, dans la partie la plus chaude de la zone sèche, la température du sol atteigne 40 °C. À la tombée de la nuit, on éteint la lampe ; à partir de novembre, le terrarium doit être chauffé à 10-15 °C pendant la nuit. La durée de chauffage est réduite progressivement à mesure que l'on approche de l'hiver, mais on ne laisse jeûner les animaux que pendant les jours les plus froids.

Calcium, vitamines et eau

Le rapport calcium/phosphore doit être de 3/1. Si la proportion de calcium est insuffisante, celui-ci est puisé dans le tissu osseux, ce qui se traduit par la formation d'écailles saillantes sur la dossière. Il faut donc éviter de donner trop de fruits, et seulement des abricots, des mûres, des kiwis ou des papayes. Plus rarement (1-2 fois par mois seulement), les tortues ont besoin d'aliments animaux. Afin que l'organisme puisse absorber le calcium, il lui faut de la vitamine D3. Celle-ci se forme sous l'action des ultraviolets, à partir de précuseurs présents dans la peau. D'où l'importance d'exposer les jeunes à la lumière solaire non filtrée (à l'air libre). Enfin, on déposera dans le terrarium un os de seiche ou des débris de coquilles de moules ou de coquilles d'œufs.

Une alimentation trop riche en protéines et pauvre en fibres, un manque de lumière et de chaleur et le défaut d'hibernation se traduisent par la croissance trop rapide de la carapace. Celle-ci est alors plate, molle et bossue, les écailles sont séparées par des sillons. la carapace n'a plus qu'une lointaine ressemblance avec celle des congénères sauvages.

Courgettes, tomates et melon viendront de temps à autre compléter l'apport en eau. On ignore encore pourquoi les jeunes consomment les excréments des adultes juste après l'éclosion ; on suppose que cela permet à leur flore intestinale de se constituer. Mais cela les expose à d'éventuelles maladies. On ne donnera donc que des crottes de tortues dont la bonne santé ne fait aucun doute.

Ces jumeaux et cette tortue solitaire issus de la même ponte présentent des tailles très différentes

Première hibernation et premier réveil

Les jeunes tortues s'alimentent copieusement jusqu'en octobre. En novembre, on les prépare à hiberner en diminuant la durée d'éclairement et la température. L'hibernation se déroule dans le terrarium, installé dans une pièce légèrement humide à 6-10 °C, et dure 2-3 mois. À cette période, on ne trouve pratiquement plus de végétaux frais nutritifs.

Pour réveiller les tortues, on installe le terrarium à partir de fin février dans une pièce lumineuse pendant les journées ensoleillées. Début mars, on allume de nouveau la lampe en augmentant progressivement la durée. Le soleil et la chaleur, associés à une nourriture abondante, provoquent une nette poussée de croissance au printemps.

Taille, croissance et espérance de vie

À l'éclosion, les jeunes des quatre espèces du genre *Testudo* ont des tailles et des poids légèrement différents : quelques jours après la naissance, les tortues d'Hermann orientales mesurent (tête et membres sortis) 30-34 mm et pèsent 10-12 g ; les tortues levantines 32-36 mm pour 12-15 g ; les tortues bordées 32-35 mm pour 12-15 g ; et les tortues des steppes 30-35 mm pour 12-16 g.

Il est plus difficile d'obtenir des jeunes tortues saines que de conserver des adultes en bonne santé.

Au bout d'un mois à peine, on constate la première poussée de croissance au niveau des sutures des écailles. Elle est encore plus nette au niveau des rebords de la carapace. À un an, les tortues d'Hermann mesurent normalement 48-53 mm pour un poids de 25-35 g, puis 56-60 mm pour 48-65 g à deux ans et 75-70 mm pour 95-150 g à trois ans. La Tortue levantine et la Tortue bordée croissent un peu plus vite. Chez le genre *Testudo*, les femelles croissent plus vite que les mâles, ce qui n'est pas le cas de toutes les genres de tortues terrestres. À l'opposé extrême, les mâles de la Tortue sillonnée (*Geochelone sulcata*) pèsent deux fois plus lourds que les femelles.

En grandissant, la carapace change de forme et de coloration : elle s'allonge et s'asombrit. Un changement plus manifeste apparaît lorsque les tortues atteignent la maturité sexuelle. Chez la Tortue d'Hermann orientale, en particulier, la queue des mâles est plus longue et plus épaisse. Vers l'arrière, les écailles marginales de la dossière sont relevées et la supra-caudale est rentrée en dedans. Chez la femelle, les écailles sont droites.

Chez la Tortue bordée, la disposition typique des écailles marginales postérieures n'apparaît qu'à la maturité sexuelle, vers 10 ans. Celles des mâles sont particulièrement frappantes. Chez la femelle, la forme en cloche de la carapace est seulement esquissée.

Vers la dixième année, la croissance ralentit et s'arrête lorsque la carapace mesure 15 cm environ. La longueur est toujours mesurée entre le point le plus antérieur et le point le plus postérieur de la carapace. Dans la nature, la Tortue d'Hermann orientale mesure en moyenne 13-16 cm (mâles) et 15-18 cm (femelles) ; les individus les plus grands mesurent 19 ou 21 cm, suivant le sexe. La Tortue levantine est un peu plus grande, la Tortue bordée atteint en moyenne 25-28 cm de long, la carapace postérieure des mâles montrant une forme de cloche typique.

Les records mesurés chez les individus sauvages dépassent largement ces valeurs. La plus grande tortue d'Hermann orientale a été trouvée vers 1000 m d'altitude, dans le sud de la Bulgarie : sa carapace mesurait 35 cm et pesait 6,5 kg. Dans la même région fut découverte la plus grande tortue levantine : 39 cm pour 7 kg. La Tortue bordée atteindrait même 40 cm, et l'on trouve des tortues des steppes de 28,6 cm de long pour 3,7 kg. Chez une même espèce, les tailles maximales et moyennes varient selon les régions. Sur des surfaces réduites, on a même souvent découvert des populations naines, ou encore des animaux sombres ou jaune uni (voir photo p. 58).

La carapace de la plus petite tortue terrestre, l'Homopode marqué (*Homopus signatus*), une tortue plate d'Afrique australe, mesure moins de 10 cm de long. Celle de la plus grande espèce, la Tortue géante des Seychelles (*Geochelone gigantea*), peut mesurer 120 cm de long et peser plus de 200 kg.

Dans la nature, l'**espérance de vie** des tortues terrestres est étonnamment basse. 40 à 95 % des œufs sont dévorés par les prédateurs. Le taux de survie des jeunes est de 10 à 55 % ; à 10-15 ans, le taux de mortalité est de 5-10 % et grimpe à 10-15 % par an chez les adultes. Une génération est entièrement

Chez la Tortue bordée, mâles et femelles se distinguent également par la forme de leurs queues : à gauche, un mâle ; à droite, une femelle.

renouvelée en 20 ans, et les tortues de 30 ans sont rares. On sait avec certitude que les tortues européennes peuvent vivre 50 à 100 ans, probablement plus pour la Tortue levantine. Les records de longévité sont atteints par les tortues géantes, dont certaines sont âgées de plus de 200 ans.

Cette tortue d'Hermann femelle d'une taille inhabituelle fut importée en Autriche en 1946, vers l'âge de 6 ans. Aujourd'hui, malgré ses 60 ans, elle ne montre aucun signe de vieillissement.

Malheureusement, malgré l'absence de prédateurs, l'espérance de vie des tortues de compagnie est souvent inférieure à celle de leurs congénères sauvages, principalement en raison de soins inappropriés. Mais le nombre croissant de reproductions réussies en captivité témoigne d'une prise de conscience grandissante, et les statistiques d'âge montrent une évolution réjouissante. Quelques exemples : une femelle de Tortue bordée, mesurant 5 cm quand elle fut adoptée en 1943, mesurait 40 cm de long et pesait 8,15 kg en 1995. Une tortue d'Hermann orientale achetée à l'âge de 6 ans mesurait 30 cm vingt-huit ans après, une autre, âgée de 40 ans, mesurait 30 cm et pesait 4,5 kg. Une femelle à la moitié de sa croissance, adoptée en 1943, mesure aujourd'hui 26,4 cm et pèse 3,3 kg. Le grand-père d'une personne aurait rapporté une tortue de Macédonie en 1925 ; celle-ci vit encore et on estime son âge à plus de 80 ans. Il y a 7 ans, elle pondait encore.

Annexes

Index

Les astérisques (*) renvoient aux illustrations

Bibliographie

Brabenetz, E., F. Luttenberger & H. Schwammer (1996): Haltungsrichtlinien, Mindestansprüche für Schildkröten. Literas Universitätsverlag, Oberwart.

DGHT (1997): Gutachten über Mindestanforderungen an die Haltung von Reptilien.

Ernst, C.H. & R.W. Barbour (1989): Turtles of the world. Smithsonian Institution Press, Washington, London.

Falk, A. (2001) : Les Bases du Terrarium, Éditions Eugen Ulmer, Paris.

Hediger, H. (1965): Mensch und Tier im Zoo: Tiergartenbiologie. A. Müller Verlag, Zürich, Stuttgart, Wien.

Henkel, F.-W. & W. Schmidt (1999): Terrarien – Bau und Einrichtung. Verlag Eugen Ulmer, Stuttgart.

Highfield, A.C. (1996): Practical Encyclopedia of Keeping and Breeding Tortoises and Freshwater Turtles. Carapace Press, London.

Inozemtsev, A.A. (1997): Ecological Distribution and Population Dynamics of the Mediterranean Tortoise, *Testudo graeca nicolskii*, in the Xerophic Forests of the Western Caucasus, Southern Russia. Chel. Cons. and Biology 2(4), 567-572.

Iverson, J.B. (1992): A revised checklist with distribution maps of the turtles of the world. Privately printed, Richmond, Indiana.

Kirsche, W. (1997): Die Landschildkröten Europas; Biologie, Pflege, Zucht, Schutz. Mergus Verlag, Melle.

Müller, V. & W. Schmidt (1995): Landschildkröten. Natur und Tier Verlag, Münster.
Nöllert, A. (1987): Schildkröten. Landbuch Verlag, Hannover.
Obst, F.J. (1985): Die Welt der Schildkröten. A. Müller Verlag, Leipzig.
Paraskiv, K.P. (1956): Reptiles of Kazakhstan. AN kaz SSR, Alma Ata: Kazakhstan.
Praschag, R. (1977): Revierverhalten einer weiblichen *Testudo graeca ibera* PALLAS, 1814. Das Aquarium 98:350-352.
Praschag, R. (1986): Aquarien- und Terrarienbauten. Dissertation an der TU Graz.
Rössel, D. (1998): Reptilienhaltung – die rechtliche Seite. in: Falk, A. (2000): Grundkurs Terraristik. Stuttgart (Ulmer)
Stubbs, D. & I.R. Swingland (1985): The ecology of a Mediterranean tortoise (*Testudo hermanni*): a declining population. Can. I. Zool. 63(1): 169-180.
Süss, R. & M. Malter (1991): Vom Mythos der Schildkröte; das Urtier als Glücksbringer. Druckerei Hitzegrad, Dortmund.
Wermuth, H. & R. Mertens (1961): Schildkröten, Krokodile, Brückenechsen. G. Fischer Verlag, Jena.

Adresses utiles

Société herpétologique de France
2, place Jussieu, 75005 Paris
Ministère de l'Environnement
Direction de la protection de la nature
20, avenue de Ségur, 75007 Paris
Station d'Observation et de Protection des Tortues des Maures (SOPTOM)
83590 Gonfaron
Le Village des tortues
83590 Gonfaron (géré par la SOPTOM)
A Cupulatta, Centre d'élevage et de Protection de la Tortue
Véro, 20133 Uciani
Société protectrice des Animaux (SPA)
39, boulevard Berthier, 75017 Paris
Ordre des Vétérinaires
34, rue Bréguet, 75011 Paris

Crédits photographiques

Kuhn Regina, Stuttgart : 4e de couverture, pp. 2, 6, 10, 28, 58, 70, 71, 74, 76, 77, 78, 79, 80, 81 (2), 82 (Röntgenbild Archiv Dinkel), 83, 88, 89, 90 haut.
Praschag Reiner, Graz : page de couverture, pp. 1, 4-5, 7, 12-13, 18, 19, 29 (2), 21 (2), 22 (2), 23, 24-25, 26 (2), 32, 34, 35, 36, 37 (2), 38, 39, 42-43, 48, 52-53, 63, 64, 65 (2), 72-73, 85, 90 bas.
Trutnau Ludwig, Altrich : page de couverture (fond photographique).

Dessins de Christiane Gottschild, Berlin, d'après des croquis de l'auteur

L'édition originale de ce livre a été
publiée en allemand sous le titre :
« Landschildkröten », par Reiner Praschag

ISBN 2-84138-227-3

5, rue de Charonne
F-75011 Paris
Tél. 01 48 05 03 03
Fax. 01 48 05 02 04
E-mail : ulmer@editions-ulmer.fr
Internet : www.editions-ulmer.fr
Traduction et adaptation : Pierre Bertrand
Réalisation de la couverture : Laurent Melin
Impression et reliure : Georg Appl, Wemding
Dépôt légal : 2e trimestre 2004

Printed in Germany

N° d'édition : 227-01